U1004493

STEM教育怎么做

光善慧◎著

安徽师范大学出版社
ANHUI NORMAL UNIVERSITY PRESS
·芜湖·

图书在版编目(CIP)数据

STEM教育怎么做 / 光善慧著.—芜湖:安徽师范大学出版社,2022.3
ISBN 978-7-5676-5151-7

Ⅰ.①S… Ⅱ.①光… Ⅲ.①科学教育学 Ⅳ.①G40-05

中国版本图书馆CIP数据核字(2021)第102917号

STEM教育怎么做 光善慧◎著
STEM JIAOYU ZENME ZUO

责任编辑:祝凤霞 任申萍 责任校对:李 玲
装帧设计:张 玲 姚 远 责任印制:桑国磊
出版发行:安徽师范大学出版社
芜湖市北京东路1号安徽师范大学赭山校区 邮政编码:241000
网 址:http://www.ahnupress.com/
发 行 部:0553-3883578 5910327 5910310(传真)
印 刷:安徽联众印刷有限公司
版 次:2022年3月第1版
印 次:2022年3月第1次印刷
规 格:700 mm × 1000 mm 1/16
印 张:13.5
字 数:176千字
书 号:ISBN 978-7-5676-5151-7
定 价:49.80元

如发现印装质量问题,影响阅读,请与发行部联系调换。

序

这些年在中国教科院未来学校实验室的工作，使我有机会接触到全国各地很多一线教师、校长和教研人员。在这些基层教育工作者中，光善慧老师是给我印象比较深的一位，之所以印象深，源于她对教育科研和实践探索那出人意料的热忱，并且一以贯之地坚持钻研的精神。

记得初次认识善慧老师是在合肥市教育局举办的STEM教育校长培训会上。那次讲完课后，她跟我探讨了很多关于STEM教育的问题，其中关于STEM与创客教育的关系她谈了很多自己独到的看法。在深圳举办第二届中国STEM教育发展大会时，她还特地组织了瑶海区十几位校长、老师，在会议开始前请我为他们做了专题培训和交流。第二次受她邀请去合肥观摩STEM课程时，我已经明显感觉当地学校STEM教育有了很大的不同，尤其一些STEM教师的教学设计和教学流程在兼顾项目式学习法的科学性和体现教师创意的艺术性方面做到了有机融合，令人惊讶于瑶海区STEM教育和STEM教师成长之迅速。

最近几年，伴随着信息科技的发展，国际前沿教育理念在中国发展很快，加之国家教育政策、考试方案的不断出台，使得教育领域从业者需要持续学习才能跟上教育变革的步伐。基层教育队伍急需与时俱进的人才。这类人才其实与教龄的长短无关，更深层次的是个人的禀赋特质：对自己有更高要求，对事业发展孜孜以求，会不断放下过去面向未来。善慧老师大致就属于这类人。

当今，我们正处在一个信息技术高度变革的时代，未来的人才竞争主要是知识技能的竞争，各国都非常重视人才的培养。从国际经验中我们可以看出，STEM教育作为培养学生探究能力、批判思维能力及沟通能力的载体，具有非常好的效果。

《STEM教育怎么做》一书中，善慧老师从初次接触创客及STEM的彷徨，到研究中的执着成长，让我看到一个从政治学科教师成功转型为STEM教育研究者华丽转身背后的艰辛付出。她作为STEM教育研究的践行者，取得了丰硕成果：教学设计、课件和优秀案例等多件作品获得国家级、省级和市级奖项，先后获得全国优秀科技辅导员、合肥市优秀科技辅导员、合肥市十佳师德标兵、合肥市优秀教师、合肥市信息技术学科带头人等荣誉称号，是中国教育科学研究院STEM教育研究中心兼职研究员、国家语委《语言文字报》特聘语言文字高级教研员等。从2007年开展STEM教育研究以来，她先后发表了多篇论文，如《基于高阶思维的小学STEM课程的实践研究》《基于高阶思维的中小学STEM课堂教学评价的实证研究》《中小学STEM教育区域推进的方法与策略》等。

这本《STEM教育怎么做》，从教学实践共同体模式出发，聚焦STEM教育区域推进及共同体研究策略、STEM教育评价研究和STEM教材研究，为解决STEM教育的两大难点提供参考和案例支撑。本书还记录了善慧老师这些年在永不满足的自我鞭策下，一步步从一个普通教师向STEM教育研究者转型的心路历程。因此，本书不仅对刚进入教育行业的青年读者有参考价值，也能给资深教研工作者提供一个了解教育一线工作者所思所想的全新视角。

中国教育科学研究院　罗夫运

2021年5月6日

目　录

第一章

STEM教育区域研究的挑战与机遇

第一节　STEM教育研究的背景

一、STEM教育与创客教育

(一)创客、STEM的内涵

创客(Maker),“创”指创造,“客”指从事某种活动的人,“创客”本指勇于创新,努力将自己的创意变为现实的人。创客译自英文单词“Maker”,源于美国麻省理工学院一名为《微观装配实验室》的实验课题,此课题以创新为理念,个人设计、个人制造是其核心内容,参与实验课题的学生便称为“创客”。在中国,“创客”与“大众创业、万众创新”联系在一起,特指具有创新理念、自主创业的人。

STEM一词最早是美国国家科学基金会在1986年提出来的,是科学(Science)、技术(Technology)、工程(Engineering)、数学(Mathematics)四门学科的英文首字母缩写。其中,科学是指认识世界和解释自然界的客观规律;技术和工程是在尊重自然规律的基础上对世界的改造,从而实现人与自然和谐共处,解决社会发展过程中的难题;数学是技术和工程学科的基础工具。

STEM教育的重点是对学生四个方面的教育:加强科学素养教育,即运用科学知识(如生物科学、地球空间科学、物理科学和化学科学等知识)理解自然界;加强技术素养教育,包括使用技术的能力,管理、理解及评价技术的能力;加强工程素养教育,包括技术工程的设计和开发过程的理解;加强数学素养教育,通过学生的发现与思考,提高解释和解决各种情境下数学问题的能力。

(二)STEM教育内涵的扩展

近年来,STEM教育的内涵有了进一步的扩展,主要有以下几类:

STEAM:科学、技术、工程、艺术和数学,即在STEM基础上加“A”,代表艺术(Art)。

STEMM:科学、技术、工程、数学和医学,即在STEM基础上加“M”,代表医学(Medicine)。

STEAMS:科学、技术、工程、艺术、数学和社会,即在STEAM基础上加“S”,代表社会(Society)。

不同的扩展代表不同时期、不同国家、不同教育主体对STEM的不同理解和需求(为便于统一认知,本书统称为“STEM”)。因此可以预见,随着社会的发展、信息时代的进步,STEM在整体框架不变的情况下,内涵和需求还会出现新的变化。

(三)STEM教育与创客教育的区别与联系

很多教师常常会困惑STEM教育和创客教育的区别是什么?哪种教育理念更好?其实两个名词的含义有明显区分,STEM教育更讲究跨学科的“知识融合”,是一种理念,是课程;而创客教育的重点是将学生自己的想法进行“实践创造”,变为作品,概括起来就是:

1.STEM教育强调跨学科,创客教育天然跨学科

传统教育中的分科教育有利有弊,单学科教育最大的弊端是不利于科学探索和解决真实情境中存在的问题。STEM教育由科学、技术、工程和数学等多学科融合而来,强调跨学科。创客教育的核心则是创造,天然涉及多学科知识,但本身不强调跨学科。所以,跨学科是STEM教育的核心要义。创客教育往往需要运用多学科的知识,而且好的创客作品一定会有多学科知识的支撑。例如,设计一个智能门铃,就需要用到科学、数学、技术和工程等知识,如果这个门铃控制装置要美观大

方，还需要用到工艺、美术等相关知识。所以，在创客教育中的跨学科是根据需要进行的选择，它的核心归根到底是作品的创造性。

2.STEM是课程，而创客则强调创造

STEM教育围绕科学、技术、工程与数学学科知识与能力开展，注重提高学生的STEM素养，进而为创新型人才的成长奠定基础。STEM教育强调培养学生的跨学科思维能力，以及知识建构的能力、解决问题的能力、创新能力和沟通合作能力。因此，课程需要通过筛选知识点、在情境中设计问题、揭示科学原理的形成等细致的铺垫，让学生了解相关的科学原理，并融会贯通地应用，从而学会创造；而创客教育主要强调应用技术、创造性地解决问题，通过动手操作将创意变成实实在在的作品。

3.二者起源不同

STEM教育最早来自美国国家科学委员会，后来出现在美国大学及K—12（指学前教育至高中教育）的报告和文件中。创客教育则不同，2005年，*Make*杂志创刊，“makerspace”这个词汇开始出现，但是当时并没有流行起来。直到2011年，*Make*杂志注册了makerspace.com域名，并且开始用makerspace来描述那些开放式的制作设计和活动社区时，创客空间和创客才慢慢被人熟知。创客群体非常庞大，尤其是随着近年来开源软硬件、3D打印机、互联网等技术的成熟与普及，创客门槛大幅降低，由此引发的创客运动受到教育工作者的关注。这些教育工作者希望借此培养更多具备创客意识的学生，提升学生将想法变成现实的能力。可见，创客教育起源于社会文化，而后才被引入教育体系并受到重视。

4.两者都强调问题来源于真实情境，但创客教育问题主要来自学生

STEM教育和创客教育都提倡要解决真实情境中的问题。但大多数情况下，STEM教育的问题主要来自教师的设定和引导，若是学生提出的问题，多会放在共同讨论的专题内。通常，STEM教学过程中会先

提出一个或多个具有综合性的复杂问题，再让学生运用多学科知识从不同侧面开展讨论、活动，进而解决问题。创客教育中的问题主要由学生自己提出，创客教育本身就是帮助学生想办法将想法变成现实。问题既可以是一个学生提出，另一个学生解决；也可以是小组提出，团队合作解决。创客教育并不要求所有学生探索一样的问题。

5. 创客教育强调真实作品的产出，而STEM教育关注动手实验

创客教育强调学生设计和制作自己的作品或产品。在这一过程中，学生可以借助开源软硬件的多种模块功能进行组装和改造，也可以借助3D打印制造自己需要的零部件或特殊外形的物件，还可以借助互联网与其他创客交流互动，进行产品设计。STEM教育虽然注重实践，关注动手实验，但是不强调学生一定要有自己的实体性产品。

6. 两者都注重培养学生解决问题的综合能力，但是侧重点不同

STEM教育与创客教育都关注在学习过程中培养学生解决问题的综合能力，都基于真实情境中的问题进行学习。不同的是，STEM教育除培养学生解决问题的综合能力外，更强调培养学生跨学科的多元思维；创客教育则更看重学生独立创造思维力的培养，学生需要有自己的创意并努力实现。

7. 师生角色定位不同，方向一致却各具特色

在STEM教学中，教师角色更多的是教学设计者、活动组织者、知识传授者和学习引导者。教师角色多元，而且需要不同学科背景的教师相互配合，共同引导学生完成具体的学习项目。学生则是积极的参与者，或是独立参与整个项目，或是在小组合作中共同学习跨学科的综合知识。而在创客教育中，学生的角色更倾向于独立创造者。他们需要有自己独特的想法，并借助有效的手段加以实现。在此过程中，学生虽然也会和其他成员合作，但合作的目的是实现不同的创意。教师则扮演着支持者的角色，不会过多干预学生的想法，不需要预设太多具体的问题及讲授固定的知识点。

综上所述，STEM教育和创客教育之间既有一些区别，也有相似和相同之处。此外，两者本质上有着紧密联系——STEM教育为创客活动提供理论知识基础，例如使用3D One软件设计建筑物时，需要了解相应的工程学知识，会运用数学知识来计算尺寸，还需要通过艺术设计提高模型的美观度。创客实践是STEM教育的最终目的，知识体系只有在实物创造中才能发挥作用，甚至让创意作品成为可商业化的产品，更好地连接教育与现实生活。与STEM教育相比，创客教育更直接地指向创新教育，具有更明确的目的性和实施路径。

二、国外STEM教育的发展

（一）美国STEM教育的发展

从1950年开始，美国国家科学基金会开始为科学教育提供资金。1986年美国国家科学委员会发表《本科的科学、数学和工程教育》报告，被认为是美国STEM教育集成战略的里程碑。

托马斯·弗里德曼在《世界是平的》中写道，2003年世界上共授予280万个科学和工程专业学士学位，其中120万个学位授予亚洲学生，83万个学位授予欧洲学生，40万个学位授予美国学生。在中国，有60%的学士学位授予科学和工程专业的学生，而美国只有31%。这一支训练有素的科学和工程队伍正在加强一个国家的竞争力。在一个科学和技术占主导地位的世界里，这是一个国家竞争力的重要因素。

2006年，美国总统布什在其国情咨文中公布一项重要计划——《美国竞争力计划》，提出知识经济时代的教育目标之一是培养具有STEM素养的人才，并称其为全球竞争力的关键。由此，美国在STEM教育方面不断加大投入，鼓励学生主修科学、技术、工程和数学，培养其科技素养。

2007年，美国上到国会下到一些致力于发展STEM教育的组织机构,纷纷提出与STEM教育相关的法案、研究报告和行动纲领,这些举措将STEM教育推到了前所未有的新高度。

2009年,美国国家科学委员会发布致总统奥巴马的一封公开信,其主题是《改善所有美国学生的科学、技术、工程和数学》(以下简称STEM教育)。信中明确指出:国家的经济繁荣和安全要求美国保持科学和技术的世界领先和指导地位。大学前的STEM教育是基础,应当是国家最重要的任务之一。委员会督促政府抓住这个特殊的历史时刻,并动员全国力量支持所有的美国学生发展高水平的STEM知识和技能。

2011年,奥巴马总统推出了旨在确保经济增长与繁荣的新版《美国创新战略》。新版的《美国创新战略》指出,美国未来的经济增长和国际竞争力取决于创新能力。"创新教育运动"指引着公共和私营部门联合起来加强科学、技术、工程和数学(STEM)教育。同年,美国国家科学院研究委员会发布了《成功的K—12阶段STEM教育:确认科学、技术、工程和数学的有效途径》的报告,该报告进一步明确了中小学实施STEM教育的主要目标。

2016年,美国研究所与美国教育部综合了研讨会与会学者对STEM教育未来十年的发展愿景与建议,联合发布了《STEM 2026:STEM教育中的创新愿景》报告,旨在推进STEM教育创新方面的研究和发展。该报告提出了六个愿景,力求在实践社区、活动设计、教育经验、学习空间、学习测量、社会文化环境等方面促进STEM教育的发展,以确保各年龄阶段及各类型的学习者都能享有优质的STEM学习体验,解决STEM教育公平问题,进而保持美国的竞争力。2017年《美国竞争力计划》提出,知识经济时代培养具有STEM素养的人才是具有全球竞争力的关键,需要大力加强对STEM教育的投入。

美国政府近年来加大了从小学到大学各个层次的STEM教育的支持力度,推出教育基金,鼓励各州改善STEM教育,加大了基础教育阶段理工科教师的培养和培训。美国政府还要求科学家多去学校演讲和参与课外活动，以激发年轻人对科学知识的兴趣。

（二）其他国家STEM教育的发展

除美国之外，英国、德国、芬兰、澳大利亚、日本、韩国等创新性很强的国家都非常重视科技人才的培养，STEM教育实践发展迅速。当前国外部分国家STEM教育的发展见表1-1。

表1-1　当前国外部分国家STEM教育的发展

国家	目标	具体实施方案
美国	培养所有学生的STEM素养，力求全面发展	建立以STEM教育为核心的学校，并在综合性学校中设立STEM课程，还为校外机构提供经费支持。美国国会通过了《国家竞争法》，提出应加强STEM教育投入，随后制定了《K—12科学教育框架》和《新一代科学教育标准》，推动STEM教育全面展开
英国	加强科学家、工程师和技术专家的培养；提高自然科学教育的素质，培养专家型教师	英国议会1988年通过《教育改革法》，将科学列为“核心学科”。2014年，英国皇家学会颁布了《科学与数学教育愿景》，强调培养STEM的职业意识，要求注重教师的职业发展
德国	关注学生在MINT（教学、信息、自然科学、技术）类职业上的兴趣和发展，强调劳动力的创造性培养	加强建立全面的、全民参与的社会MINT机构、课外MINT项目和课外教育设施。为助力“工业4.0”，应对技能人才的巨大缺口，自上而下搭建STEM教育战略框架，将促进STEM人才培养写入国家发展战略
芬兰	针对技能劳动力结构和产业发展中的相关问题，从国家人才战略层面制定STEM教育发展政策	推出以“LUMA（数学和科学教育）项目”为代表的全国性STEM教育促进项目，设立LUMA国家中心，以专业共享为原则，量身打造STEM学习和教育活动，促进STEM教育发展

续 表

国家	目标	具体实施方案
澳大利亚	力图从国家层面上采取行动,改进学校的科学、数学和信息技术教育	发布《STEM学校教育国家战略2016—2026》,通过采取国家行动,提高课程设计的科学性和合理性,加强与国家课程标准的联系
日本	强调以科学技术立国,侧重培养基础性研究人才	修改原有课程大纲,增加中小学阶段STEM学科的课时和内容,鼓励旨在增强科学教育的项目
韩国	引入整合型人才教育的概念,指定和扶持整合型人才教育示范学校,推动开展整合型人才教育	2011年韩国教育部颁布《搞活整合型人才教育(STEAM)方案》。在学前教育、基础教育、高等教育和职业技术教育中,广泛开展促进STEAM教育和人才培养的项目计划,加大投入,并积极探索跨部门合作、促进社会广泛参与的有益模式

三、国内STEM教育的发展

(一)国内STEM教育兴起因素

我国STEM教育的兴起有两个因素,一是国家大众创业、万众创新的政策。2014年9月,李克强总理在夏季达沃斯论坛提出要在960万平方千米土地上掀起创业的新浪潮,形成人人创新的新态势。2015年李克强总理在《政府工作报告》中提出"大众创业、万众创新"。2015年1月李克强总理考察了深圳的柴火创客空间,从此创客在中国进入爆发式发展时期,创客教育开始在中小学兴起。影响中国STEM教育发展的第二个因素是信息技术的发展。2015年在基础教育版《地平线报告》的驱动学校应用教育技术的趋势分析中指出,提升科技(STEM)和艺术学习是近期趋势。

2016年教育部出台的《教育信息化“十三五”规划》中明确指出，要依托信息技术营造信息化教学环境，探索信息技术在众创空间、STEM教育、创客教育等新教育模式中的应用，使学生具有较强的信息意识与创新意识，养成数字化学习习惯，促进学生的全面发展，发挥信息化面向未来培养高素质人才的支撑引领作用。2017年1月，教育部印发的《义务教育小学科学课程标准》指出：要重视实验教学，保证实验室建设等需要；教学中注重引导学生动手与动脑相结合，培养学生的创新精神和实践能力。此后STEM教育在中国进入蓬勃发展的阶段。2017年6月，中国教育科学研究院（简称“中国教科院”）颁布了《中国STEM教育白皮书》。2018年5月，中国教科院颁布了《STEM教师能力等级标准（试行）》。

（二）中国STEM教育2029行动计划

2018年5月，“中国STEM教育2029行动计划”在北京启动。中国教科院STEM教育研究中心主任王素说，中国要建成世界创新型国家，为实现这一目标，人才的培养要有提前度，并希望通过该行动，在2029年能够培养出一批具有国际竞争力的创新型人才。

行动计划中提出了中国STEM教师培育万人计划，其主要目标是在自然科学、综合实践、信息技术、通用技术等相关学科教师和教研员中选拔培育百名种子教师和万名综合型教师，引领各地实施各具特色的人才支持计划，构建富有中国特色的教育人才队伍体系。该行动计划还强调参与机构的普及性，呼吁吸纳更多的社会力量协同开展STEM教育创新；提倡STEM教育惠及全体学生，尤其是特殊群体学生；希望能够培养学生的创新思维和科学探究能力，通过注重对学习过程的测量，改变评价方式和创新培养模式。

中国教科院党委书记殷长春强调，启动中国STEM教育2029行动计划，努力让STEM教育惠及最广泛的学生群体，让科学思维与创新能力成为每一个孩子的成长基因。

第二节 区域STEM教育发展的探索

一、加强中小学STEM教育的必要性

随着国家人才战略的推动，人才强国战略的实施，极大地调动了各类人才的积极性和创造性，激发了我国经济社会各项事业发展的活力。以创新人才培养为核心的STEM教育自然成为人们关注的焦点。越来越多的人认识到加强中小学STEM教育的必要性与紧迫性。

（一）STEM教育发展的必要性和紧迫性

2017年，在“大国教育之声”第八届教育论坛上，中国教科院时任院长田慧生针对2017年4月科技部印发的《“十三五”国家科技人才发展规划》中提到的“科学前沿领域高水平人才、高端研发人才和高技能人才存在较大的供给缺口”的实际情况，深刻指出我国基础教育阶段科学教育整体上起步相对较晚、缺口较大，还不能很好满足国家发展需要。

面对巨大的人才缺口，加强STEM教育，就是为以后的国家建设提供强有力的科技人才支撑。田慧生在发言中强调：“现在加强中小学STEM教育恰逢其时，不可不为，不可慢为，必须以时不我待、只争朝夕的精神，脚踏实地，奋起直追，努力赶超。”

（二）当前中国STEM教育发展中存在的问题

近几年来，STEM教育在我国发展迅速，学校、企业、科研院所、社会培训机构协同创新，使得STEM教育实践成果频出、理论不断发展，国家政策支持的力度也越来越大。深圳、北京、上海、浙江等地先后采

取措施，积极探索STEM教育的推进方式，开展了包括中小学STEM课程体系、创客空间、评价体系等方面的有益尝试。中国教科院出台了一系列重要文件，为STEM教育发展提供方向指导和政策护航。

参照当前世界各地STEM教育发展状况，现阶段我国基础教育阶段STEM教育存在的问题主要体现在以下六个方面：

一是缺乏师资队伍，没有专业教师，而且缺口相当大。各地开展STEM教育时多由科学、信息技术、美术、数学等学科教师兼任，难以满足教学需求。二是没有完善的STEM教材和系统的STEM发展方案，使得各地各学段的教学内容和STEM教学目标不衔接，不利于人才的系统培养。三是没有统一的评价标准。STEM教育标准与评估机制尚未建立，STEM课程的质量要求不到位，必然影响STEM教育的良性发展。四是协同创新机制不健全，难以实现社会联动。组织者、参与者各自为战，无法形成发展合力。五是缺乏国家项目示范引领，已有项目存在系统性不强、吸引力不足、覆盖面不广、影响力不够、示范引领作用不明显等问题。六是STEM教育顶层设计中缺乏国家战略支撑，难以引领基础教育的STEM发展。

（三）如何应对挑战是当务之急

作为培养创新人才的一个重要途径，STEM教育对国家未来发展有着不可忽视的重要作用。因此，我们必须对症下药，解决现实面临的问题：

1.做好顶层设计，着力推出更多STEM教育政策

国家要从理念上引导全社会正确认识和理解STEM教育，推出更多有针对性的STEM教育政策，要在原则上强调开展STEM教育的基本要求，要在目标上明确努力的方向，要在任务上提出切实可行的内容和行之有效的举措，要在资金保障、社会参与、项目设计等方面给予大力支持。

2.实施教育联动，保障STEM人才培养

科技创新人才培养是一项系统性、长期性的工程，因此需要根据国情整体布局，实施教育联动，促进各学段教育连贯一致、各类型学校相互配合，突出重点、抓住关键、有序推进。学校应通过优化STEM教育活动，提高相关活动的吸引力和科学性，为每一位学生参与STEM活动提供保障。

3.抓好课程建设，使STEM教育扎根基层

STEM教育将科学、技术、工程和数学等整合在一起，强调对知识的应用和对学科之间关系的关注。目前已有的课程都是零散的，不成体系。小学、中学、大学STEM课程内容繁杂，没有按照学生螺旋式发展的思维特点来编排具有完整体系的课程，不利于STEM课程的整体推进。如果国家能出台政策，在人力、物力、财力上予以支持，组织有课程开发能力的STEM人才编写教材，促进各学段STEM教育目标和内容的有序衔接，并形成一套课程体系与评价机制配套的成果加以推广，打通学生成长环节，疏通学生学习渠道，融通学生学习内容，必能促进STEM教育快速发展。

4.加强队伍建设，让STEM教育有成长的根基

没有专业教师队伍，任何教育的发展都是无源之水。所以，教育主管部门要加强对具有跨学科背景和能力的教师的培养，帮助教师获得多学科STEM学习经验，提高教师对科学、技术、工程和数学本质的认识，并提倡教师将STEM思维融入课堂教学中。师范院校要结合实际需要，积极探索对师范生STEM教育教学能力培养和提升的渠道，在队伍建设源头上做好工作。

5.形成生态系统，打造一体化STEM教育新生态

田慧生指出，经济投入、媒体宣传和多方参与是STEM教育可持续发展的基础。博物馆、少年宫、科技馆、数字媒介等社会机构积极开放空间，是STEM教育非正式学习的组成部分，也是吸引学生参与的重要

方式。国家设立示范引领项目，让广大师生参与相关活动，在活动中增强能力，提高水平；同时，加强STEM教育的宣传报道，推动形成全社会重视的STEM育人环境，构建一体化STEM创新生态系统。

6.借鉴有益经验，推广STEM教育成功模式

针对STEM教育出现的问题，教师可通过研讨会、现场会、观摩课等方式，促进交流与合作，互通有无，共同提高。教育主管部门应搜集和总结各地STEM教育的有效做法和先进经验，通过报纸、期刊、网站等方式加以宣传推广，带动各地各校一起发展。学校可引进国外STEM教育优质资源，借鉴有效的教育模式，结合当地情况进行复制、移植、改造，加强本土化、特色化探索。

二、区域创客启蒙之旅

2016年，当“创客教育”走进瑶海区教育人的视野，我们设计了瑶海区第一个创客空间——行知学校创客空间。

创客空间落成之日，我们组织了有科技创新基础的20所学校的28名骨干教师，来到全国创客教育基地——江苏常州市考察学习，此行让创客的理念和对未来的影响从此深深刻在我的脑海里。

2016年12月15上午，来自北京师范大学的傅骞教授为我们做了《创客教育理念下的STEM教育实践》的专题讲座，分享了当今开展创客教育的背景、中小学教师创客定位，初步介绍了创客教育开源软件Mixly等，让我们充分了解了创客教育。下午，我们参观了常州市创客教育实践基地之一的虹景小学，中国创客教育专家委员会委员、常州市天宁区教师发展中心的教育信息中心主任管雪沨为我们做了《当前创客教育应用的发展以及区域规划》的报告，虹景小学周云校长介绍了本校开展创客教育的经验和体会。在创客智慧电子课堂里，教师们感慨：在时时都需要思考、创新的课程中，我们的学生必然能不断提高创新思维和动手能力，学生需要这样的课堂。随后创客教育专家秦老师分享

了创客教育的实践经验和如何构建创客课程体系的具体方法。

16日上午，我们来到江苏立教科技展厅，零距离接触3D打印、微型机床、物联网创客套件等，运用虚拟现实、3D视频技术直观生动展示了课本上的知识要点，让人流连忘返，意犹未尽。下午，我们来到常州市湖塘桥实验小学，全国创客大赛的专家评委时小明老师带我们一起参观了湖塘桥实验小学的“101训练营”。该训练营面积近2000平方米，囊括了魔幻厨房、科学宫、陶吧、创意乐高等20多个活动空间，这里是学生们最快乐、最喜爱的学习乐园。随后大家走进创客课堂，感受了小小创客们的精彩世界；教师也做了一回创客，亲身体验了3D打印和智慧电子编程。

最好的教育，就是让孩子们自己去发现、去创造。讲授和操作、理论和实践并行的形式，充分展示了创客教育的魅力，体现了创客教育树立学生的自信心、深度挖掘学生的创造创新能力、培养学生的团队合作精神、提高学生的抗挫折能力的理念。

充实的两天培训很快结束，瑶海区创客团队眼界大开，创客理念入脑入心，思维焕然一新。借着此次培训的东风，瑶海区的创客教育开启了新的征程！我主持的创客项目由瑶海区教育体育局（简称“教体局”）信息中心专门负责组织开展。创客之路如何走，是我从学校转入教体局之后又一个新的研究课题。

路漫漫其修远兮，吾将上下而求索！

三、西藏信息化邂逅瑶海创客

常州创客培训开启了我的创客之旅。作为一个创客及STEM教育工作组织者，我面临着一系列的挑战：一是教师队伍不足，瑶海区STEM及创客教育，起点是零，没有专业的教师。二是缺乏STEM及创客教材，自己开发教材，难度极大。三是没有STEM及创客课程标准，教学目标和内容模糊。四是不同的学校，校情不一样，如何把它们凝聚起来形成合力？五是缺乏资金，投入不足，没有相应平台。

这一系列问题，都是我们亟待找到答案的症结所在。

2016 年 12 月 22 日，我们成立了瑶海区创客教育俱乐部，形成瑶海区创客研究共同体。俱乐部创客教师专注于同一个梦想——培养更多有创新素养的未来人才。我成为这个“创客之舟”的负责人，制订计划，组织培训学习，每两周开展一次创客教学研讨。经历了半年的创客课程研习，瑶海区的创客教育已经渐渐找到自己的发展方向，形成了“两专两定”的 STEM 教研模式，即专人组织、专人负责，定期开放、定期研讨。瑶海区教师的创客素养在慢慢提高，创新型学生如雨后春笋般茁壮成长起来。瑶海区 STEM 及创客教育在合肥市的影响力也迅速提升。

2017 年 8 月 20 日，合肥市教育局遴选教育信息化专家赴西藏送教送培，我有幸成为专家团成员，为西藏山南市信息化团队做了《创客教育的区域推进与实践策略》专题报告。遥远的雪域高原邂逅瑶海区的教育信息化，使我的内心产生了一种神圣的使命感，那就是传播创客文化，培养高端人才，造福未来教育。

附：《创客教育的区域推进与实践策略》报告全文

瑶海区创客教育自 2015 年开始推进，在“双创”的背景下，顺势而为。现在的瑶海区创客教育俱乐部将以往以学校为单位的松散的创客团队组建成区域化的大团队，集中各校的智慧，分享教育的过程和成果，百花齐放。

（一）领导重视教育前沿

在合肥市教育科学研究院（简称“合肥市教科院”）的关注和引领下，在瑶海区教体局的正确领导下，瑶海区创客教育俱乐部成员学校由成立时的 20 所增加到现在的 24 所，队伍在不断扩大,参与的教师也越来越多。

1.成立创客教育工作领导小组

自从李克强总理提出“大众创业、万众创新”的理念后,瑶海区也启动了创客教育,在合肥市率先实行“理论+实践”的创客教育新模式。教体局高度重视,成立了创客教育工作领导小组,局长任组长,分管领导任副组长,信息中心主要负责创客设备和创客教育的推进。

2.创客实践能力先行

课程改革坚持以学生为中心的核心理念,鼓励学生采用自主、协作、探究的方式进行主动学习。创客课程是一种以培养学生创新、创造能力为主的能力型课程。虽经多轮课程改革,学生的动手实践能力与综合素养仍有较大的提升空间,应试教育到素质教育的转型远未完成。创客的思想与课程改革的核心理念及其倡导的学习方式高度一致,将有可能作为一个契机,促使整个基础教育课程体系的优化。

3.未雨绸缪积极筹划

创客需要舞台,俱乐部成立后,我们先后为俱乐部成员学校建立了8个专门的创客空间,其他学校正在积极筹措资金,建立有本校特色的创客空间,让大创客、小创客们有实现梦想的舞台和机会。

(二)创客教育在瑶海区的科学推进及实践策略

1.搭建瑶海创客空间

(1)投入的原则:校长有梦想,创客有专人,学校有特色。

(2)投入的过程:有管理机制,要循序渐进,需合理配置。

创客空间配置的器材一般有:平板电脑、无线网络、多媒体设备、3D扫描仪及3D打印机、开源软件、智能控制器(Arduino等)、激光切割与雕刻机、快速结构件、套件、手工切割工具、通用桌椅等。

2. 组建创客教师队伍

(1)敢为人先的创客领路人。2015年,合肥市教育局第三批名师工作室之一——洪福名师工作室成立。该工作室以创客教育为研究主题,汇聚瑶海区对创客教育有思考、有行动的优秀教师共同研讨创客教育的实施与发展。

(2)成立创客俱乐部。经过两年发展,2016年创客教育俱乐部成立时已汇聚了瑶海区20个成员学校40多位创客教育优秀教师,俱乐部成员成了瑶海区创客教育的领军人物。

(3)做好培训管理工作。我们组织分管领导和骨干教师到外地学习,听讲座、观摩学校、实地培训。我们制订每学期工作计划,形成瑶海区创客教育俱乐部工作章程,每两周开展一次交流学习活动,用积分制鼓励学校开展工作。就这样,创客教育从不会到会,创客教师从无到有,创客们的创新意识越来越强。

3. 编制创客校本课程

每次开展活动,教师们苦于手里无教材,并且自创课程,费时费力,所以大家深刻认识到,创客教育要发展,首先必须有配套课程才能走得更好。因此我们坚持两台腿走路,一方面创客空间招标以后,要求厂家提供相关器材的配套课程;另一方面,我们鼓励教师在创客教育实践过程中,积累素材,编制适合自己学校特色的创客校本课程。按照瑶海区创客俱乐部课程设置要求,我们计划从科学、技术、工程、艺术、数学五个方面设计区本创客课程。

4. 关注课堂:创新创客教学方法

在创客教学实践过程中,我们总结出创客教育五步教学法:创意、设计、制作、分享、评价。第一步,创意:布置项目,培养学生的想象力和创造精神；第二步，设计：画结构草图，把创意变成具体的项目设计；第三步，制作：利用创客软件和硬件，通过小组协作，将创意变成产品；第四步，分享：展示创客作品，使个体认知上升为集体认知，形成集体智慧；第五步，评价：采用激励性评价，关注学习过程、学习方法和学习结果。

“评价”环节在五步教学法中虽说是最后一步，却至关重要，评价标准直接关系到激励的准确度和指导性，这也是我们后期需要研究的创客教育第二个关键与难点。

（三）创客教育让人生更精彩

创客教育开展至今，瑶海区已取得一系列成绩。2016年，在安徽省“走进创客体验创新”活动中，香格里拉小学和临泉路第一小学获得安徽省“创客教育优秀学校”称号。2017年，在合肥市第17届中小学电脑制作活动（内含创客项目）中，瑶海区成绩显著，其中“创意制造”项目合肥市共34件作品获奖，瑶海区就有21件；另外，在安徽省教育科学研究院创客评比中，瑶海区有8件创客作品入围全国赛，随后5月在第五届全国中小学机器人创客大赛中，获得4个一等奖、4个二等奖。

最好的教育，就是让孩子们自己去发现、去创造。创客教育不仅是信息化创新、课程创新、方式创新，更是社会在互联网时代对教育的召唤，一个人人皆学、时时可学、处处能学的环境，一个人人皆创、时时可创、处处能创的社会已经来临……

我们一起行动吧！

四、瑶海创客遇见STEM

瑶海区创客教育转型为STEM教育，是基于一次合肥市STEM教育启动会。2018年1月12日，合肥市“STEM教育实验学校”启动暨培训工作会议在合肥市行知学校恒通校区隆重召开。市教育局领导，各县

(区)分管领导、专家、项目负责人,各STEM实验学校负责人、项目负责人等160多人参加了会议。

会议由合肥市教科院陈明杰副院长主持,市教科院教育信息化应用研究中心主任田钰公布了首批56所STEM实验学校名单,并解读了实验学校工作规程,明确了STEM实验学校的工作内容,提出了"自主探索,分享成果;资源共建,注重协作;辐射推广,营造氛围"的工作目标,并对开展STEM教育在创新课程内容、打造学习空间、师资培养机制等方面提出了具体要求。

瑶海区教体局信息中心介绍了创客教育经验:一是因地制宜搭建创客空间,二是着力培养创客教师队伍,三是编制创客区本课程,四是创新创客教学方法。

培训会上,中国教科院STEM研究中心副主任罗夫运作了题为《STEM理解和实践路径》的专题报告。罗主任从STEM教育的多维理解、层级价值和实施路径等方面开展了深入细致的解读,让大家对STEM教育的发展、研究进展、现实价值及实施有了深刻的认识,具有较高的理论高度。

中国教育装备研究院研究员彭志新激情飞扬地向大家汇报了自己多年来致力于中小学科学探究活动的研究成果,现场展示了自创的离心吸水器、自制变色风轮,并做了生动形象的现场小实验,更加直观地展示了STEM教育的趣味性和创新性。讲座通俗易懂,为一线教师更好地开展STEM教育提供很多很好的案例,让在座的听众受益匪浅。

合肥市教育局副局长王勇进行了总结性讲话,他表示STEM教育是具有前瞻性的教育实验,肯定了各实验学校敢于创新、不断进取的精神,鼓励大家将STEM教育落到实处,为学生的发展提供更为广阔的舞台。

参加会议的全体人员还深入课堂,深入活动空间,观摩了行知学校的各类校本课程及STEM教育成果,其中包括创客作品展示、STEM课程展示、创客空间展示和创客展示课等。大家兴致勃勃,仔细观察,不时互动交流,深受启发。

教育的发展需要先驱者的勇敢探索。合肥市教科院致力于STEM教育的引领和推广,努力打造一批普惠式STEM教育实验学校,开发具有地域和学校特色的STEM教育课程,让更多的学生在STEM教育浪潮中受益,促进学生的全面发展。

在创客及STEM教育研究中,专家引领至关重要。我抓住机遇做了两个重要决定:一是建立与中国教科院长期研究讨论的渠道,确保在专家引领下进行创客及STEM教育研究;二是启动创客课题申报,借助课题研究解决遇到的难题。

第二章

中小学STEM及创客教育区域推进的实践与应用研究

第一节　理论基础及实施方案

一、STEM教育国内外研究现状

近年来，以移动互联网、云计算、物联网、大数据等为代表的新一代信息技术，正在推动全社会各领域的深刻变革。国际化、信息化、网络化、个性化逐渐成为21世纪的“标志”，引领着数字化时代的到来。《国家中长期教育改革和发展规划纲要（2010—2020年）》明确指出，信息技术对教育发展具有革命性影响，必须予以高度重视。为积极推动信息技术与教育融合创新发展，《关于“十三五”期间全面深入推进教育信息化工作的指导意见（征求意见稿）》指出，有条件的地区要积极探索新技术手段在教学过程中的日常应用，有效利用信息技术推进“众创空间”建设，探索STEAM教育、创客教育等新教育模式，使学生具有较强的信息意识与创新意识。

（一）国外STEM教育研究现状

笔者通过文献计量软件对研究样本进行整体分析发现，国际上最早关于STEM教育的文献是2007年美国德州理工大学STEM研究团队对高中STEM教育的改革倡议：通过培训STEM教师，以工程设计过程作为教学的指导性框架，进一步将学生依托实际项目学习STEM概念的方式细化为基于工程设计的项目学习。2008—2015年，关于STEM教育的文献数量总体上呈逐年增加趋势，但增幅比较缓慢，且2013年和2015年较上一年文献数量没有增加，2015年之后每年的增长量较大。

结合STEM教育发展历程和文献样本中研究背景的概述可以发

现，美国政府在总统奥巴马执政期间频繁发布关于STEM教育的政策报告，如2013年《联邦政府STEM教育五年战略计划》，强调STEM人才储备和师资培训的重要地位；《下一代科学教育标准》中引入工程科学和跨学科实践，突出了STEM教育的跨学科特征；随后的《K—12年级STEM整合教育：现状、前景和研究议程》，着重探讨了STEM课程整合和课程实施的跨学科性；《STEM教育法（2015年）》提出将计算机科学纳入STEM教育类别，加强对非正式环境下STEM教育领域发展的研究。这些政策报告从国家未来竞争力的战略高度规划了STEM教育的教育目标、实施路线和评估标准，全面促进了STEM教育的发展，使得项目式STEM教育的研究进入了新的阶段。由此可见，顶层设计对STEM教育的深入实践起了重要作用。

美国是STEM教育研究成果最多且被引用率较高的国家。随着全球经济模式的发展变化，各国各地区对创新人才的需求使得STEM教育受到了广泛关注，韩国、马来西亚、以色列等国家开始了对项目式STEM教育的研究和实践，我国的研究成果较少，大多是对国外STEM研究的总结与探讨。

可见，STEM教育和创客教育是近几年来在全球日益盛行的创新教育模式，是信息技术与教育融合产生的新教育模式，所培养的创新人才将成为国家竞争力的重要体现，也越来越受到包括我国在内的各国政府的高度重视。

（二）国内研究现状

以“STEM教育”为关键词在中国知网进行搜索，2008年到2020年末共获得1735条相关记录，STEM教育研究论文数从2013年以后开始上升，2017年开始出现爆发式的增长，2017年到2020年共发表论文1510篇。由此可以看出，STEM教育研究在中国从无到有、再到爆发式增长的发展过程。

研究层次以基础研究为主流，同时呈现多样化的态势。根据发表论文数进行统计，排在前十的研究层次依次为基础研究（社科）、基础教育与中等职业教育、高等教育、行业指导（社科）、政策研究（社科）、基础与应用基础研究（自科）、工程技术（自科）、职业指导（社科）、高级科普（社科）、大众科普，主要集中在基础研究（社科）、基础教育与中等职业教育、高等教育上。

在相关研究文献中，余胜泉等人于2015年发表的《STEM教育理念与跨学科整合模式》被引用1074次、下载26168次（搜索时间：2021年5月18日），是目前STEM教育领域影响力最大的学术研究成果之一。比较早期的研究是朱学彦等人在2008年发表的《科技人力资源开发探究——美国STEM学科集成战略解读》，被下载2357次（搜索时间：2021年5月18日）。美国STEM教育起步早，经验丰富，具有较高的借鉴价值。因此，介绍美国STEM教育的文献较多，涵盖了人才战略政策、测评课程、工程教育、创客等方面。国内学者多关注课程教学技术的操作层面，也有一些学者从人才培养的角度进行了探索，如2014年赵忠建等人发表的《STEM视野中的课程改革》，2015年叶兆宁等人发表的《集成式STEM教育：破解综合能力培养难题》，2016年冯华发表的《STEM教育视野下的综合课程建设》等。此外，在研究内容上，创客与STEM研究紧密联系、相互交织。

当前，我国STEM教育发展的短板在于相关课程资源匮乏、专业教师队伍缺失，这也是STEM教育发展的瓶颈。因此，全国各地正在积极探索STEM教育的推进方式，深圳、江苏、成都等地均出台了政策文件，开展STEM教育项目研究或开设STEM课程，一批STEM教育机构正在逐步发展。基于问题、基于项目、基于真实环境等STEM教育常用的教学方法在一些学校开始实践与推广。一些高中和高校相结合，落地一批STEM主题实验室。目前，教育部开展了新一轮的课程改革，强调学科整合，注重学生创新实践操作。在课程开发方面，目前形成区域教材的地区有江苏、浙江等，大部分地区还是空白状态。

STEM教育作为教育领域的新生事物，既是教育信息化要攻克的重点领域，也是教育研究的难点。瑶海区创客研究热情高，有成效，这是优势；但是没有统一的教材，发展模式不成熟，这是问题。STEM教育是培养创新人才的基础，基于问题的存在，瑶海区以此为研究突破口，力争在STEM教育区域推进研究上有所创新，有所作为，让更多的孩子成为创客人才。2018年10月，我主持申报了中央电化教育馆教育信息技术研究课题"瑶海区中小学STEM创客教育区域推进的实践与应用研究"，立项号为183420005。

二、理论与实践依据

（一）理论依据

1. 实用主义教育理论

约翰·杜威是美国实用主义哲学家、教育家，他创立了实用主义教育思想体系。关于教育本质，杜威认为概括起来就是：教育即生长，教育即生活，教育即经验的不断改造。关于教学的基本原则，杜威提出了"在做中学"。

2. 情境学习理论

情境学习理论是由美国加利福尼亚大学伯克利分校的让·莱夫教授和独立研究者爱丁纳·温格于1990年前后提出的一种学习理论。该理论认为，学习是情境性活动，没有一种活动不是情境性的，学习是整体的、不可分的社会实践，是现实世界创造性社会实践活动中完整的一部分。

3. 建造主义理论

建造主义理论由麻省理工学院媒体实验室的创始人之一、LOGO语言的发明人西蒙·派珀特教授在皮亚杰的建构主义理论的基础上提出。建造主义支持建构主义的观点，即学习者是一个主动的知识建构者，但更强调外在作品的建造和学习者分享创意。建造主义认为，在学习过程中，学习者必须有意识地透过建造外在、可分享的人造物与知识建立个人关系。不仅如此，建造主义还认为人际间的互动是知识学习的重要历程。

4.最近发展区理论

最近发展区理论是由苏联教育家维果茨基提出的儿童教育发展观。他认为学生的发展有两种水平：一种是学生的现有水平，指独立活动时所能达到的解决问题的水平；另一种是学生可能的发展水平，也就是可能通过教学所获得的潜力。两者之间的差异就是最近发展区。教学应着眼于学生的最近发展区，为学生提供带有难度的内容，调动学生的积极性，发挥其潜能，超越其最近发展区而达到下一发展阶段，然后在此基础上进行下一个发展区的发展。

（二）实践依据

创新是一个民族进步的灵魂，是一个国家兴旺发达的不竭动力。在全面实施素质教育过程中要注重培养学生的创新精神，培养创新精神是STEM教育的魅力所在。

瑶海区自成立创客教育俱乐部以来，无论是教师的“教”还是学生的“学”都发生了翻天覆地的变化，教师的创新素养和学生的创新能力在不断提升，充分彰显了STEM教育的实践价值和意义。所以，研究STEM教育、开发区本教材、发展STEM教育也就成了瑶海区教育的必然要求和发展趋势。

三、选题意义与研究价值

（一）选题意义

本课题是对STEM教育区域推进策略的探索研究，既有理论研究，也有案例分析，还有实践开发和经验总结，意义在于：

第一，在现有的课程设置、教学模式、教材体系下，大量STEM区本课程的开发有可能成为优化已有课程体系、促进教育改革的重要力量，同时STEM教育思想将对学生其他学科课程的学习带来深远影响。

第二，STEM教育研究将科学、技术、工程、数学多门课程融合成一个有机整体，能让学生在特定的学习情境中提升设计能力、合作能力、综合运用能力、问题解决能力和实践创新能力，促进个体综合素质全方位发展。

第三，STEM课程的建设最终将形成一种新的教育生态，在信息化技术条件的支撑下，让广大师生更加主动、更有创意地投入校园生活，形成一种健康向上、勇于创新、勇于担当的校园生态文化。

第四，3D打印机、机器人、体感技术、Scratch软件、人工智能技术等都涉及多学科，怎么把这些新创意、新技术经过科学开发转化为教材引入课堂，怎样在课程改革和创客时代来临的大背景下形成一种良性的知识转移模式，是当前亟须解决的课题。本课题在这些方面做了积极探索。

第五，本课题既对众多STEM区本教材进行了研究，同时也进行了实践开发。当前全国各地出现了一些教材，虽然各具特色，但是缺乏一定的科学规范和指导，所以如何在国家统一的STEM课程标准指导下开发出具有本区特色的区本教材是我们课题研究的核心。

(二)研究价值

1.国家战略层面

知识经济时代,创新人才是国家发展的战略资源,是构建创新型国家的必备条件。为落实《国家中长期人才发展规划纲要(2010—2020年)》,我国正在积极组织实施创新人才推进计划,以培养各类高层次创新型科技人才。STEM教育将推动我国人才培养模式的加速转型(从标准化转向个性化,从单一化转向多元化),培养大批实战型科技创新人才,为创新型国家建设提供人才支撑。

2.教育变革层面

STEM教育的组织实施,将进一步推动我国各级各类教育系统关键要素(课程体系、教学方法、技术环境、评价机制、师资队伍等)的优化组合和转型升级。在STEM教育的推动下,学校、家庭、社区、企业等一切社会力量和资源将被充分调动起来,协同打造无处不在的STEM空间,无缝连接正规教育和非正规教育,最终重构整个教育生态,实现真正的创新教育。

3.学生发展层面

STEM教育能够更好地解放孩子的天性,给他们更多动手操作、自由探索与发展的空间与条件。通过STEM及创客活动,学生可以接触到更多最新的技术,借助技术慢慢实现自己的创意,不断激发对创造的兴趣。团队的合作交流、思维碰撞、互帮互助,又能催生更多新颖的想法,形成一种热爱创造、享受创造、尊重创造的校园文化,进而提升学生的创造力、动手能力、问题解决能力及团队合作能力。此外,学生动手探索的过程也是知识运用的过程,有助于增强对抽象学科知识的理解。研究发现,STEM学习可以对学生的认知发展产生促进作用,比如提升学生的自我效能感、增强学习动机等。

4.课程改革层面

基础教育首先要培养每一个人的创造性,然后才能在此基础上培养能够攀登世界科学高峰的拔尖创新人才。新一轮基础教育课程改革虽然秉持很好的教育理念,却并未对整个课程体系带来颠覆性影响。课程改革应当领跑社会发展,而非被动地追逐和适应。STEM教育为新课程理念的落地提供了新的抓手和路径。通过动手操作、协同探究、项目合作等多种基于创造的学习方式,每个孩子都将在课程学习中找到乐趣,进而激发自身的创造潜能。持续的STEM课程建设与实施,有助于彻底解决传统教育面临的课程内容陈旧、课程结构不够灵活、与社会实践脱节、授课方法单一等诸多现实问题,从而带动整个课程体系的有效变革。

四、研究目标与研究内容

(一)概念界定

1.STEM教育、创客教育

STEM教育、创客教育的概念在第一章第一节已作详细介绍,这里不再赘述。

2.瑶海区中小学

瑶海区中小学校共39所,本课题主要是指瑶海区创客教育俱乐部的26所成员校。

3.区域推进

区域推进是区域合作新模式,即大跨度多圈层区域协同推进。本课题的区域推进在2018—2019年主要是指瑶海区校际之间协同研究,STEM教育在全区整体推进;在2020—2021年指在合肥市实现大跨度多区域的整体推进。

4. 实践与应用研究

实践就是人们利用STEM能动地改造和探索现实世界一切客观物质的社会性活动；应用是指STEM直接用于生活或教育的人才培养过程。本课题是指通过STEM教育、创客教育的实践，以培养创新型人才为目的，依据本区自身的特点、条件以及可以利用和开发的资源，总结STEM发展的规律及价值，探究区域协同促进的教学策略和应用模式。

（二）研究目标

（1）通过瑶海区中小学STEM及创客教育的实践，探索有效的STEM及创客教育区域推进的应用模式及策略。

（2）在课堂创新中培养创新人才，实现STEM及创客教育由精英教育向普惠式教育转化，实现STEM教师的专业成长。

（三）研究内容

结合瑶海区学校的实际，将STEM及创客教育理念充分融合，开发适合区情的STEM教育案例，通过课堂实验，确定适合本区的STEM有效教学模式，促进学生创新思维的养成和科学素养的提高。

（1）通过问卷调查，了解成员校在STEM教育发展问题上需要解决的问题及目前的基本情况，寻找研究的突破点。

（2）STEM教材研发。形成STEM教材研发团队，根据现阶段本区科技创新教育的发展实际，结合现有学生科技创新教育基础、科技创新师资力量、经费保障等实际情况，以及STEM教育的特点、学生的兴趣和未来发展的需要，通过案例研究，编写整理出一套符合瑶海区学校具体实际的分学段的STEM教材及配套教学资源。

（3）探索创客空间建设经验。指导学校开展符合学校特色的创客空间，为STEM及创客教育搭建舞台；

（4）研究STEM教师的专业发展策略及区域推进的路径。在中国教科院的指导下,依据中国教科院发布的《STEM教师能力等级标准(试行)》,探索促进本地区STEM教师专业发展的有效策略及区域推进的途径,通过开展STEM教师培训、STEM教师教研活动、STEM教师能力大赛等,培养一批符合现代教育发展的高素质的STEM教师。

(5)探索STEM教育评价及评价实施策略,通过教师教学实践,积极探索总结STEM教育评价量表及评价应用的实践经验。

(四)主要创新点

党的十八大提出实施创新驱动发展战略,强调科技创新是提高社会生产力和综合国力的战略支撑,必须摆在国家发展全局的核心位置。《国家创新驱动发展战略纲要》提出推动教育创新,改革人才培养模式,把科学精神、创新思维、创造能力和社会责任感的培养贯穿教育全过程。

在中国教科院的指导下,研究团队开发STEM教育区本教材,积极探索STEM教育区域推进的模式与策略。国内外现有的创客教育模式以兴趣小组、社团、参赛组队等方式为主,而我区侧重于普惠式STEM教育、创客教育的发展。

五、研究方案

(一)研究思路

1. 前期调研

了解学生现有的科学素养和对STEM及创客教育的兴趣。

2. 组建研发团队

借助中国教科院STEM研究中心的理论及技术指导,探索区域整体推进所需要的软、硬件,以及教学模式、发展策略等。

3. 组织教学实践研究

组织26个STEM成员校进行课堂教学实验，根据实验效果不断调整课程难度及内容，直到落实教材体系。

4. 编撰STEM课程，形成区域推进策略

采取“编撰初稿—实验修改—论证定稿”的研发路线，最终确定小学一至六年级STEM教育区本教材及相应的技术课程群；总结瑶海区STEM教育区域推进策略。

5. 成果的推广应用

成果在全区乃至全市或更大范围内推广应用。

（二）研究方法

1. 文献研究法

通过查阅国内外STEM教育相关文献资料研究当前STEM教育发展现状，找出值得研究的问题并加以解决。

2. 行动研究法

以STEM教学实践及教师专业成长中的问题为切入点，以问题解决为目的，扎实开展课题研究。通过对典型案例的总结反思，形成科学的、可操作的STEM教育区域发展策略。

3. 经验总结法

将课题研究的整体设想、教学案例有目标、有意识地落实到成员校，由STEM骨干教师通过实验、授课、实践，不断总结反思，促进全体STEM教师专业发展。

4. 个案研究法

通过剖析教师授课的案例，积累教师成长中的经验教训，为课题研究提供验证材料。

（三）技术路线

技术路线如下：可行性分析—组建研究团队—设计研究方案—组织成员校课堂实践—根据实验效果不断调整研究策略—经过专家论证形成正式教材—总结经验并形成区域发展策略—推广应用。

（四）研究过程安排

1. 准备阶段（2018年1月—2018年7月）

结合瑶海区创客俱乐部在创客教育中已经取得的成绩，进行STEM教育教材开发及区域发展策略的调查分析。俱乐部逐渐由创客教育俱乐部向STEM俱乐部过渡，着手规划STEM骨干教师培训工作，根据瑶海区自身特点找准课题立项的核心研究内容并进行可行性分析。

2. 实验阶段（2018年8月—2019年12月）

（1）筹建课题组，成立课题研究领导小组，组建课题研究团队、区本教材及平台资源研发团队。

（2）课题申报立项。通过理论学习，理解STEM教育的内涵，了解STEM区本教材编写及区域推进的紧迫性与必要性，搜集资料、调研、全员培训，撰写课题研究申请报告，申报立项。

（3）组织俱乐部成员校教师申报STEM教师，组建瑶海区STEM教师团队。

（4）在中国教科院STEM研究中心指导下，确定研究方向，落实区本教材内容，分发案例到STEM成员校，由学校STEM研究团队通过上课、实验、研讨，一步步落实研究任务。

（5）在“专家引领、创新应用、有效融合、科学发展”的方针指导下，以《教育信息化2.0行动计划》《中小学综合实践活动课程指导纲要》等国家政策为导向，以STEM课程建设及STEM教师培养为牵引，以STEM教育惠及全体学生为目标，通过培养学生的创新思维和科学探究能力，注重测量学习过程，改变评价方式和创新培养模式，来不断调整STEM教学实践和区域推进策略。

3. 总结阶段（2020年1月—2020年12月）

（1）开展STEM区本教材开发工作，编撰义务教育阶段小学1—6年级STEM区本教材。

（2）组织教师通过课堂教学实践对区本教材的创新性、实用性、科学性进行验证，并不断完善。

（3）收集整理教师使用STEM区本教材的优秀案例、课件、教学反思等，准备汇编成册，形成优秀教学资源。

（4）组织教师、学生参加各级各类STEM、创客大赛，组织各类教师培训，培养优秀STEM骨干教师。

（5）引进国内STEM教育发达地区的经验，开展区域交流，拓宽教师视野，提高STEM教育研究的高度。

4. 结题阶段（2021年1月—2021年6月）

（1）收集整理各校STEM教育研究及教材开发过程性资料和课题研究成果资料。

（2）总结研究成果，提炼区域推进策略，撰写研究报告、论文，申请结题。

（3）请专家论证评价，在专家指导下，规范完善研究资料及成果，使其上升到理论层面。

（4）结题，研究成果推广与应用。

（五）保障条件

1. 课题组成员分工

根据课题研究需要，课题组要做好人员分工和组织安排。课题组主要成员分为若干小组。

（1）课题主持人：负责课题研究工作的策划、组织和协调工作，撰写开题报告、研究计划、阶段总结和结题报告。

(2)活动开展组:负责各学校案例研究活动的安排及策划。

(3)教材管理组:负责区本教材的收集、整理、校对。

(4)文本汇编组:负责STEM案例教学设计、教学反思的文本汇编。

(5)过程材料组:负责过程性材料的收集、整理、归档。

(6)创客比赛组:负责各类创客比赛、活动的策划及成果的收集、整理。

2.创客空间建设

瑶海区26个成员校都建有自己的创客空间,计划根据项目需求,每年投入部分资金,逐年推进创客空间建设,最终26个成员校都有属于自己的创客教室,有完善的实验仪器及配套设备。

3.研究时间安排

从2018年1月至2021年6月,历时三年多,逐年推进,最终完成小学1—6年级STEM区本教材和教材配套资源的开发,形成瑶海区独特的区域推进策略和模式。

4.研究经费保障

每年市财政、区财政都有相应的资金用于瑶海区教育信息化建设,课题研究经费有保障。

5.所在单位条件

瑶海区教体局位于合肥市主城区东部,全区常住人口约70万,共有38所学校和3000多名教师。这里人杰地灵,历史悠久。近年来,瑶海区教体局高度重视教育信息化的发展,2006年开通全省第一家县区级教研网站,2007年开通全省第一家县区级教研博客网站,2013年在教育部教育管理信息中心主持的“首届全国教育门户网站”评选中,获得“县区级百佳网站”荣誉。

六、根据研究课题开展实践活动

实践出真知。课题研究需要不断践行，不断验证，不断总结，才能在实践中取得成效。三年多时间，课题主持人带领课题组针对不同研究内容，提出“两周一研讨、一月一集中、一会一收获”的活动策略，开展了如下活动。

（一）以赛代练促发展

STEM课题与其他学科课题不一样，没有专门的STEM教师，基本都是信息技术、数学、美术、科学等学科教师兼任。他们必须不断苦练内功，才能化茧成蝶，实现华丽转身，成为真正的STEM教师。通过创客比赛，小创客能在比赛中掌握STEM理论及创客知识。

1.通过创客大赛锻炼创客能力

2018年3月、2019年3月、2020年3月（线上），瑶海区先后组织了三次区级创客大赛。每次大赛能收到20～30件创客作品。比赛模式是各位参赛学生先对作品做详细的解说演示，然后由专家提问，学生答辩。专家经过仔细认真的评审和现场打分，选出大赛优秀作品。比赛过程中，评委会从可行性、实效性、独特性等方面给同学们提出一些修改建议。参赛学生及创客指导教师在评委的提问、学生的解答及演示的互动中不断汲取营养，动手能力、创新能力及科技素养等综合素质水平得到切实提升。

2.重视人工智能在STEM教育中的应用

2019年9月24日，瑶海区首届“江淮瑞风杯”青少年智能设计大赛（现场赛）在合肥市第十一中学举行。比赛历时1小时30分钟，分为小学组、初中组、高中组，共计86名选手。现场赛的形式可公平公正地体现选手们的智慧。充满探究精神的选手们根据任务要求，屏气凝神、专心致志地投入程序编写中，独立解决遇到的困难，充分展现了他们的创新能力和逻辑思维能力。

2017年12月,“人工智能”入选“2017年度中国媒体十大流行语”。人工智能从诞生以来,理论和技术日益成熟,应用领域也不断扩大。本次大赛给选手们提供了一个人工智能创新与实践集中展示的平台,让他们共同感受科技的独特魅力。

3.成就一批瑶海小创客

2019年12月28日上午,第二届“江淮瑞风杯”青少年创意编程与智能设计大赛总结表彰大会在合肥市第一中学体育馆报告厅举办。各县(市)区科协相关负责人、获奖的选手、创客导师及学校代表参加了本次活动。大会举办了隆重的颁奖仪式,对创意编程和智能设计两项赛事进行了总结表彰。合肥全市共计341名选手获奖,瑶海区有105名选手获奖,其中一等奖19人,二等奖22人,三等奖64人,占获奖总人数的31%,瑶海区教体局在本次活动中荣获优秀组织奖。每年合肥市科协和创造学会都会举行一次“江淮瑞风杯”创客大赛,瑶海区已连续三年获得优秀组织奖,每次获奖学生人数均位居合肥市第一。我们参与的目的是以创新活动为抓手,继续提升青少年对人工智能的认知和应用能力,培养有创新能力和合作精神的人工智能后备人才。

(二)提前计划谋发展

凡事预则立,不预则废。在区域推进过程中,教师们来自不同的学校,如果没有周密的研究计划,各自为政,整个项目就会如一盘散沙,必然事倍功半。所以,我们每学期在区级专题会议上都要制订课题组STEM研究工作计划,并要求成员校制订学校STEM研究工作计划。计划要做到定时间、定地点、定任务、定人员。

1.课题组成立及前期工作筹备布置会

2018年3月16日,瑶海区2018年课题研究工作布置会在大通路小学新海分校召开。会议总结了2017年秋季学期STEM教育工作成果,布置了2018年春季学期STEM及创客教育课题研究工作计划。通过集体讨论,确定了课题研究主题为:以STEM教材研发为抓手,寻找STEM教育在基础教育中的发展策略,探索STEM教育评价体系。

大通路小学校长带领前来参加活动的教师参观了学校的创客教室及机器人教室的社团活动,介绍了大通路小学STEM教育情况。大通路小学教师袁明刚展示了一节STEM课例《创意鞋柜》。课题组意在通过不断的课堂实践,探究STEM教育的本质及核心问题。

每学期开学后的第一次STEM研究活动,都是全区本学期STEM工作布置会和学校STEM工作计划落实会,有力促进了各校STEM课题组教师的交流。

2.提前做好课题组培训,提高教师的理论水平

在创客比赛中我们常常看到:创客教师会操作,也懂得如何制作并获得想要的效果,却不能回答出考官提出的理论问题。因此,“理论+实践”培训,对教师的成长很关键。教师只有掌握了理论知识,才能更深入地研究STEM及创客的实践操作,才能更好地指导学生。因此,每年一次高端培训,每月一次课堂实践,成为课题组培训STEM教师的实践平台,只有做到目标明确、落实考核,培训才能更加高效。

(1)走出去——STEM骨干教师专题培训班。

2018年6月28日,课题组30名STEM骨干教师的专题培训在深圳正式拉开帷幕。28日下午,教师们来到了深圳创客们聚集的“创意会所”——柴火创客空间,参观了柴火造物中心,体会了创客空间开放、共赢的理念,聆听了负责人对柴火创客空间架构的讲解,感受了柴火创客团队从创意到成品的整个过程。最后创客空间负责人一一解答了培训班成员的学习困惑。大家纷纷表示,这种服务于全球,积极搭建企业、创客团队、“柴火空间”三方共赢平台的运营思维具有极好的借鉴意义。

6月29日,中国教科院STEM研究中心副主任罗夫运为全体成员做

了题为《STEM理解与实践路径》的专题讲座并与学员们进行了亲切交流，如STEM课程及国内外研究现状，当前瑶海区STEM教育如何行动，如何使STEM教育扎根到学生当中，如何进行项目式学习，社团活动模式、课程模式、校企合作模式怎样在实践中应用等，讲座为教师们解决了深层次的思想认识问题，为我们探索STEM教育指明了方向和思路。

6月30日、7月1日，教师们参加了全国STEM教育发展大会，聆听了6个论坛30多场国内外STEM专家报告，开阔了研究视野，提高了研究眼界，为实现STEM教育梦想提供了多元化平台。

（2）引进来——瑶海区2018年STEM教育主题活动现场会。

2018年12月20日下午，瑶海区2018年STEM教育主题活动现场会在合肥市郎溪路小学报告厅举行。全区各中小学分管领导、骨干教师等200多人参加了活动。活动旨在促进STEM教育课题研究的进一步发展，全面提升我区中小学教师信息技术应用能力及课堂领导力，以信息技术手段促进教育公平、推进教育均衡、提高教育质量，构筑"智慧、有效、优质"的美丽课堂。

活动前，与会人员参观了课题组各中小学STEM教育展板。会上，课题组负责人发表热情洋溢的致辞，总结了一年来瑶海区STEM教育课题研究取得的成绩，同时提出未来发展方向：一是准确把握形势，明确工作目标；二是保持清醒认识，正视存在问题；三是坚持应用驱动，推动多学科融合，不断拓展STEM教育的新视野，迈向瑶海STEM教育发展新高度。随后，香格里拉小学两位教师带来一节STEM课堂教学展示《看家小兔》，得到现场专家和教师的一致好评。

最后，罗夫运做了总结报告，他从STEM教育的本质特征和要求、STEM教育的教师角色转换等方面，详细介绍了STEM教育作为跨学科综合教育的有效形态，如何发挥其优势，让学生的探究能力、批判性思维能力、沟通能力在STEM教师的引领下得到更好的培养。

3.初步探索:自主开发STEM教材

STEM教育更多情况下是一种教育理念,有别于传统的单学科、重书本知识的教育方式。STEM课程要能激发学生好奇的天性和主动探索能力,培养孩子多方面技能和认识能力,在动手实践过程中培养学生的创新意识,引导同伴之间合作,强调解决问题的能力,重视对艺术等文化软实力的培养,创造机会让孩子去发展有趣的创意思维。

可是STEM教师的烦恼是:这次的教学设计里面有动手合作环节,下一堂课程怎么衔接呢?怎么设计才能达到连续的思维开发呢?国内教师对于STEM课程的痛点在于没有配套的教材与教具,并且没有受过专业的课程培训。为解决这些问题,STEM课程研发成为我们课题首先要攻克的难题。重点确定以后,我们立刻行动起来,开始了探究之旅。

(1)以课例研讨为抓手。

2018年5月—9月,课题组多次组织区本教材研讨活动。每次活动,都是以STEM课例研讨的形式展开,由STEM种子教师轮流授课。如合肥市蚌埠路第五小学STEM教师展示的《桥梁的秘密》一课,以桥梁知识为载体带领学生探究桥梁综合知识,在STEM实践中体现科学精神。课后教师们从本节课的重难点突破、教学环节的设置、学情的分析、课前对于实践中突发情况的预设等方面进行了细致入微的分析,提出并解决了如何更有效提升学生主动学习STEM课程的兴趣,如何更有效运用教学机智化解问题,如何使STEM课程更贴近学生的生活,如何将教学内容本土化等。开发符合STEM教育需要的区本教材,选择适合自身的STEM课程,以严谨、认真的态度做好教材研发,用实践检验教材的可行性、实用性、创新性,是STEM教育区域推进研究的重要任务。

(2)开发教材需要技术支持。

开发STEM区本教材需要技术支持。课题组通过多方调查,对目前市面上区本教材的开发方向和课程类别有了充分了解。在此基础上，课题组成员经常与懂技术的软件专家和STEM教育专家进行深入交流、讨论。教师们将自己在教学中遇到的实际问题，以及建设性意见进行汇总和分享。瑶海STEM教育自始至终以育人为目的，秉承学思结合的教育理念，通过设备创新、资源创新、教学模式创新、教材创新，以培养具有创新精神和创造力的综合型人才为己任，助力我区教学模式改革、现代化教育理念实践、创新型特色教育开展和教育信息化建设。

(3)集合STEM种子教师的智慧。

课题组先后多次组织STEM种子教师开展STEM教育区本教材编撰研讨会，就教材编写的任务取向、思路、趣味性、模板等进行思维碰撞。教师们对初稿的修改提出自己的建设性意见，并就撰写中可能遇到的问题进行了深入探讨。

(三)扎扎实实重过程

STEM教育中发现的问题就是课题，课题研究是解决问题的有效途径。2018年10月，“瑶海区中小学STEM创客教育区域推进的实践与应用研究”经过课题专家评审，终于成功立项。为了避免“开题轰轰烈烈，过程冷冷清清，结题拼拼凑凑”，我们从组建课题组开始，就要求大家必须做到“开题清清爽爽，过程扎扎实实，结题认认真真”。

1. 制定考核标准，开启研究历程

课题立项后，课题组正式进入实验及研究阶段。2018年11月23日下午，课题组STEM教师考核标准公布及课例研讨活动在合肥市蚌埠路第五小学创客教室举行，创客俱乐部的20多位教师参加了此次活动。活动由蚌埠路第五小学教师沈昕精彩的STEM课例《摩天大楼》拉开序幕。沈昕老师从摩天大楼的功能、牢固性、美观度三个方面，由浅入深，由生活走向艺术，向大家展示了摩天大楼的构造。精心设计的教学环节充分调动了学生的积极性，发散学生思维。通过学生积极创造，一张张独特的摩天大楼草图就完成了。

到场的教师对沈昕老师的教学给予了高度评价，肯定了课堂的趣味性、创新性和科学性。课例能高效合理地使用信息技术，教学效果较好，能循序渐进地引导学生。同时，教师们还提出了许多宝贵意见，如设计摩天大楼要从宏观到微观，应先整体再局部，重点关注宏观方面，教案还需进一步完善等。

随后，课题组对瑶海区STEM骨干教师评选考核做出明确要求，要求STEM教师每年要完成STEM教学“五个一”：一篇STEM论文，一篇STEM教学设计，一篇STEM教学反思，一个STEM课例，一件STEM教师指导的学生创客作品。教师应积极加入STEM骨干教师队伍当中，依照相关要求不断提高自己的专业水平。

2. 开题论证

2019年1月16日，课题开题论证会在瑶海区教体局隆重召开。本次会议由合肥市瑶海区教体局主办，邀请了省市课题专家进行可行性论证，课题组全体成员参加了会议。

首先，主持人做开题报告，分别从课题研究的背景、理论和实践依据、目标、内容、方法、过程、课题预期成果等14个方面进行了翔实的汇报。其次，专家们肯定了瑶海区在STEM教育上做出的成绩，对于课题研究的深远意义给予充分肯定，同时进行了严肃认真的研讨，并对课题组今后的工作提出了宝贵建议：完善STEM教育体系和制度，为实现STEM教育的教学普惠性做好支撑。专家们还对概念界定、教材论证等方面存在的问题提出了中肯的建议。最后，光善慧老师做课题组总结发言，感谢专家给予的合理化建议，同时表示瑶海区STEM教育今后将以课题研究为抓手，以探索为核心，以实践为纽带，以案例建设为途径，不断提升全区STEM教育的生命力。

本次活动，让课题组对STEM教育区域推进的实践与应用进行了深度思考，也给瑶海区STEM教育的发展提供了新的思路和见解。

3.详细规划课题组研究进程

2019年3月1日上午，瑶海区2019年春季学期STEM课题研究工作布置会及STEM教学展示研讨活动在合肥市大店小学综合楼三楼机器人创客空间隆重举行，参加人员有课题组全体成员和各校分管领导及STEM骨干教师。

这次STEM教学课例为《避障机器人》，教学内容根据人工智能技术设计，体现出STEM教育者不断创新、不断进取、不断发展的敬业精神。课堂上，孩子们专注的眼神和活力四射的科学探究热情吸引着每位听课的领导和老师。在畅想应用环节中，孩子们说出的一个个奇思妙想，引起了所有人的共鸣和联想。在评课活动中，专家们高屋建瓴的新见解、新思路，更是将大家对STEM教育的研讨热情推向高潮。

在工作布置方面上，课题组成员对课题研究工作计划进行了细致的梳理，并做了详尽的具体安排，使每个人都明确了自己要做的具体工作。成员们深刻认识到，作为STEM教师要学会用艺术和技术，为学生搭建展示成就的平台，并且要在具体措施和方法中全力提升瑶海区STEM教育的质量，打造专属于瑶海区的STEM教育品牌。

（四）聚焦课堂觅路径

传统的课堂教学强调教师的“教”，以“教”为中心，“学”围绕“教”转，教师讲学生听，教师问学生答，教师写学生抄。但是，以教为主，学生只能跟随教师学，复制教师讲授的内容；先教后学，教了再学，教多少，学多少，不教不学，这就使学生丧失了学习的主动性和创造性。而STEM课堂则是要通过教学实践，优化传统教学模式，一步步探索启迪学生创造思维和培养学生创新能力的模式和策略。

1.探索STEM教材编写思路及课堂教学模式

为探索STEM教材编写思路，研究课堂教学的有效途径，提升

STEM教育专业化水平，提高教师、学生的创新意识和创新能力，2019年3月22日上午，瑶海区STEM教学研讨活动在合肥市少儿艺术学校成功举办，课题组30多位STEM骨干教师参加。

本次STEM教学活动展示了课例《智能桥》。教师通过一段视频“过度拥挤的桥下如何通行”引导学生发现问题，分析问题；再组织学生分小组设计方案，探究问题；最后请每个小组分享策略，解析思路，解决问题。教学过程严谨活泼，得到参与活动教师的一致认可。

研讨环节中，STEM骨干教师就教材编写思路积极交流和探讨。瑶海区小学科学兼职教研员商常宝从STEM课例的设计到具体实施提出了自己的思考和想法，并从科学学科角度提出了具体的要求。在本次课例展示过程中，我们要求每位听课教师都要畅所欲言。通过不同经验的分享，与会教师深入了解、体验STEM教育，分享STEM教育理念，展望课程建设的前景，并对STEM教材的编写思路有了更深层次的思考。

2.思考STEM课堂及教材编写的核心目标

虽然教材编写思路似乎清晰了，但是只有不断地进行课堂实践才能验证理论。2019年4月10日上午，课题组在合肥市郎溪路小学开展了第三次STEM教学研讨活动。

郎溪路小学的《电子骰子》STEM教学课例，环节设计清晰紧凑，故事情境的导入富有艺术性。学生发现问题后的分析设计，充分发挥了学生的想象力和创新意识，做出的作品各有特色。在这样的课堂里，学生的学习兴趣得以激发，想象力得到了拓展，创新能力得到了挖掘。

研讨过程中，教师们立足本节课，就如何抓住STEM教学的核心目标各抒己见。笔者认为，在教材设计时要围绕核心目标，始终明确该课程的培养目标是发展学生的创新思维和解决问题能力及工程设计能力。通过教师们在STEM研讨课中不断反思总结，课题组力争建立起一支能熟练掌握STEM教育理念和教学技能的教师队伍，惠及更多学生，培养更多面向未来的人才。

3. 探究课程设计及问题解决的方式

2019年4月18日下午，课题组在临泉路第一小学开展了第四次STEM教学研讨活动。活动中，教师胡国良展示的《智能电报机》课例充分体现了他精湛的教学艺术和极高的人文素养。本节课注重学生创新思维和解决问题能力的培养。从导入，到发现问题、分析问题、设计方案，再到解决问题，都是学生自主选择，自主设计。课例结构完整，环节层层递进，逐渐深入。学生参与度高，课堂氛围积极热烈，很好地培养了学生的创新思维和解决问题的能力。

交流探讨环节上，大家在给予本节课高度评价的同时也提出一些切实可行的意见。大家认为这是一堂真实的生成课，学生通过多种形式参与课堂，所有问题都在学生的充分合作探索中得到解决，让他们有了更多的展示平台。本节课的教学是课程设计探索中的重大突破，也为后续上课的教师起到了模范表率作用。

4.STEM课题研究平台的应用

2019年5月9日上午，课题组在合肥市蚌埠路第五小学举行了瑶海区第五次STEM教学研讨活动。

青年教师张盼盼带来一堂别开生面的STEM教学课例《风扇机器人》。这节课是通过“良师E学”互动直播教学平台进行的，除了在现场听课的教师外，还有部分家长和外校教师通过线上平台看课。本节课教学形式新颖，教学目标定位准确，环节设计精巧，符合低年级学生的心理特征，课堂气氛活跃、亮点频现，令在场的教师赞不绝口。

随后，蚌埠路第五小学校长吴海霞介绍了“良师E学”互动直播教学平台，并做了现场演示。“良师E学”平台突破了时间和空间的限制，实现课上与课下、学校与家庭的无缝连接，这是在教育主管部门的政策指导和扶持下，“互联网+”的普及应用，对STEM课程的普及和推广也有重要意义。

研讨环节中，大家畅所欲言，一致认为这次面向一年级学生的STEM教学课例意义深远，是对孩子创新思维培养的最初渗透，课堂效果很好；同时，大家也意识到有一个好的信息化远程平台，对STEM课程的顺利开展和普及很重要。课题组肯定了教师极高的教学素养，认为课程设计很好地培养了学生的语言表达能力、动手实践能力、合作能力、解决问题能力，对学生的可持续发展十分有利。教师要有效利用课堂的生成，将学生的思维扩大化，培养学生的质疑能力，为学生未来更全面的发展服务。

5.创造型STEM课例的实践探索

2019年5月24日，课题组在合肥市和平小学东校开展了第六次STEM教学研讨活动。和平小学东校教师周文娟展示了STEM研讨课《我是你的眼——智能盲杖》。本节课脉络清晰，以游戏导入，每个学生都能基于项目自由地设计出不同功能的智能盲杖。课堂上，学生大胆地将自己的各种奇思妙想表达出来，充分发展了创新精神和实践能力。整节课有项目、有创新，有欢声、有笑语，更有思维与思维的碰撞，得到了教师们的一致好评。

评课环节中，课题组成员对创造性课堂模式进行了总结探讨，对本节课给予了高度评价，并表示将继续探索"课堂教学+教材研发"的新模式。

研讨活动中每位教师都是STEM教研的主人，通过教师与教师之间的研讨，层层反思，从而提升了教师在教学过程中重新审视和完善自我的能力，促进了STEM教师的专业化成长。

6.教材编写模式及《STEM课程教学指导意见》的研讨

经过一段时间的探索，课题组集中大家的智慧，设计了一个教材编写模板，并初步确定了教材编写目录。2019年5月21日下午，课题组骨干教师齐聚和平小学花冲分校录播教室，开展课题研究专题会议。

活动第一部分，特邀课程研发方面的专家柳艳炉老师介绍了STEM

教材编写的选题思路和具体实施策略。他指出，要以培养学生“发现生活中的问题、解决生活中的难题”的能力为着眼点，以与学生生活息息相关的内容为选题依据来确定学习内容，再进行课题教材编写研究。他以《香蕉的盔甲》一课为例，从背景介绍、发现问题、分析问题、解决问题和测试论证等方面向教师们介绍了编写思路，并以此设计出循序渐进的一单元三课时的项目式课程。教师们求知若渴认真倾听并做记录，在专家解读后，提出自己的困惑与观点，也让我们对如何开展教材编写有了更好的认识。

活动第二部分，课题主持人带领教师们深入讨论了为区本教材开发而拟定的《STEM课程教学指导意见》，并对STEM教材编写的理念、教材性质、课程目标、实施建议等方面进行解读，对编写教师提出合理化、建设性的建议与要求。即使是区本教材，也应该做到有章可循，不能盲目前进。“器大者声必闳，志高者意必远。”站在新起点，面对新挑战，惟不忘初心者进，惟从容自信者胜。

7.STEM教育可以加“A”

2019年6月5日下午，课题组在合肥市新安江路小学举行了瑶海区第七次STEM教学研讨活动。

教师们旁听了新安江路小学教师刘伟琴带来的STEM教学课例《神奇的扎染》。学生们聚精会神地聆听刘老师每一步的讲解，迫不及待想要大显身手。在刘老师介绍多种方法后，大家积极投入扎染活动中，制作出了风格不同、色彩各异的扎染作品。观课的教师们也纷纷参与制作，乐在其中。

教师们对本节课评价颇高，称其又“美”又“新”。但同时教师们又提出了一些建议：任何课程都不能一味追求“大而全”，在学生练习扎染的过程中，可先示范一种扎染方法让学生模仿，在此基础上再设计自己的方案；在学生互评作品环节，活动形式还可以再丰富一些；教学设计要紧扣主题，就本节课而言尤其要注意把握“扎”和“神奇”。课题主持人总结时指出：这是一堂别开生面的“STEM+A”课程，体现了STEM理念与艺术的融合，它让孩子们在欣赏和探究中发现、创造，在感受快乐的同时，激发对美的探索，从而使扎染这一古老的技艺扎根在孩子们心中……但是，作为教师，要帮助学生养成思考问题的习惯，培养学生的质疑精神和批判能力，让学生在STEM教育中感受到快乐的同时，也收获独立思考意识和创新精神。

8.2019年秋季学期STEM课题研究迈向新征程

2019年9月12日，课题组在瑶海区教体局六楼录播教室举行了STEM课题研究秋季学期工作布置会。课题主持人带领教师们一起回顾了上半年的课题研究工作进展，并要求教师们要继续振奋精神，抓住机遇、拼搏向上，争取在STEM教育的探索上有更大更新的发展。

大家讨论后达成共识，新学期要做到四点，分别是：上好课、做研究、出成效、提素质。我们认为，STEM教师的专业成长与发展是首先须要解决的问题。随后教体局信息中心组织教师们展开了区本教材的研讨，并对后期教学设计的思路做了梳理和指导。

9.跨学科、勤归纳、善总结

2019年10月12日，课题组全体成员齐聚合肥市马岗实验小学开展第十次STEM教学研讨活动。活动伊始，课题组成员马岗实验小学教师徐文娟展示STEM教学课例《家用门铃优化》。徐老师以学生生活实际导入，创设问题情境，并以此引导学生学会帮助同学，关怀老人。学生通过分析和解决问题，培养了创新思维。在教学中，徐老师以学生为主体，引导学生不断触发灵感，碰撞思维。动手设计环节中，学生能充分参与到探究设计活动中去，从而感受到科学设计服务于人的乐趣。

教师们围绕如何运用STEM教学理念有效构建STEM课堂这一主题，运用微格分析法探讨课堂中的教学亮点与不足，研讨的氛围非常浓厚。课题主持人希望全体瑶海STEM教师都能成为跨学科、勤归纳、善总结的科研型STEM教师，以创新型教学模式为引导，梳理总结出具有自己独特教学特色的课型模式，不断提升教育教学水平。STEM教育新时代已经来临，作为一线教师，只有不断地学习新的理论知识武装大脑，提高个人素养，紧跟时代步伐，才能让教学更适应社会的发展，满足新时代人才培养的需求。

10. 中国STEM教育发展大会展示课题组阶段性成果

中国规模最大、规格最高的STEM教育盛会——第三届中国STEM教育发展大会于2019年10月18日至21日在陕西省西安市高新区举行。国内及美国、英国、泰国、新加坡等知名专家学者、知名校长、优秀教师、业界精英汇聚一堂，通过主旨发言、圆桌论坛、课程展区、现场互动等多种形式，分享STEM教育成果，探讨STEM教育未来之路。瑶海区21位STEM教师前往学习。瑶海区课题研究阶段性成果在大会上进行展示交流，这对课题组来说，既是肯定，又是鞭策。

20日上午，课题组代表王兴桥作为大会“STEM空间建设”主题论坛的嘉宾，在会上分享了题为《STEM及创客空间建设的区域推进与策略》的报告。他从区域推进层面重点阐述了瑶海区通过硬件建设和软件提升来解决STEM空间建设发展这一难题的策略。硬件建设兼顾STEM空间的普适性、科学性、综合性和特色性等众多层面，既有整体布局又有学校特色。软件提升主要体现在课程开发和师资发展两个方面，即通过扎实有效的举措，开发出多种多样的STEM课程；通过“五+五STEM教育发展模式”推进和丰富多彩的教研活动，不断促进STEM教师的专业成长。圆桌论坛中，课题组代表还就主持人对瑶海区STEM创客教育未来发展的规划等疑问给予解答。他表示瑶海区将会抓住合肥市建设东部新中心的契机，实现STEM教育区域整体推进，同时根据各校的不同特点保持学校的特色发展，实现百花齐放、各美其美，具体工作将从教师队伍建设、课堂教学研讨、科技创新融合等方面落实，最终让每一位学生都有所受益，发展出未来社会所需的关键能力。

本次大会中，课题组教师表现踊跃，积极互动，与嘉宾、学者深入交流教学探索中的疑难和困惑，请专家“把脉”，受益颇深。改革最终发生在课堂，落实在学生身上，课题组在STEM教育工作中做了许多有益的尝试，通过扎实开展STEM教育研究，“教、学、研、创”四位一体，来培养适应新时代发展的人才。

11.探索验证型STEM教学课例

2019年11月15日，课题组在和平小学举行第十一次STEM教学研讨活动。和平小学教师谢晋分享了STEM教学课例《你看你看——月相的变化》。谢老师从STEM学科特点出发，强调学科融合、教学艺术，以月相变化为主题分享了验证型STEM课堂的魅力。

课后，与会教师畅所欲言，对验证型课例的特征、要求和模式积极研讨，进一步深度挖掘，收获颇丰。全区STEM教师正在不断深入地研究STEM课程，STEM教育区域推进随着课程的研究初显特色。

12.STEM课堂教学模式探究

为进一步探讨STEM课堂教学模式，提升STEM教育专业化水平，提高教师、学生的创新意识和创新能力，2019年12月26日下午，课题组在合肥市行知学校恒通校区开展了第十三次STEM教学研讨活动。

行知学校信息技术教师夏兰和美术教师薛云霞共同展示了STEM教学课例《设计游乐场》。该课先后经历了了解、策划、搭建和完善等一系列前期准备。课堂由学生主持，各团队依次汇报作品，再介绍原理，最后进行问答。本节课最令人耳目一新的是“双师课堂”，两位教师点评及时多样，课堂气氛活跃，很好地锻炼了学生的口语表达能力、动手实践能力及对日常生活的观察能力。

课题组认为，教师们在STEM教学上的探索，选题丰富、亮点纷呈、阶段性研究成果丰硕，希望大家继续为培养有科技、人文素养的创新应用型人才而努力，在STEM研究的路上精进不休。

（五）课题研究中期评估及工作布置

1.课题研究中期评估报告会

2019年12月31日下午在瑶海区教体局，课题组邀请专家举行了课题研究中期评估报告会。课题负责人分别从课题研究的背景、基本情况、阶段研究过程及成果反思等方面进行了翔实的汇报。三位专家肯定了瑶海区在STEM教育上做出的成绩，同时就课题的研究方法与途径、成果呈现等方面存在的问题提出了中肯的意见和建议，为后期课题的推进指明了方向。

2.课题工作布置会

2020年4月30日下午，瑶海区STEM课题工作布置会及2020年第一次STEM教学研讨活动在合肥市香格里拉小学召开，全区创客俱乐部成员校的STEM骨干教师参加了本次会议。

香格里拉小学教师王丹丹为大家带来了一节精彩的STEM教学课例《空气净化器》。王老师基于项目式学习，通过问题引导、资料查找、实验观察等形式，让学生在探究合作中明白了空气污染的种类及产生的原因，展现了学生良好的科学素养和学习能力。随后进入评课环节，与会教师畅所欲言，互动交流，分别对本节课进行了深度剖析和不同侧面的指导。

此次会议给STEM教师提供了可借鉴和参考的优质教学资源，进一步促进了全区在STEM教育方面的交流与学习，是一次思想的碰撞、理念的交锋和教育情感的汇聚。会议让与会教师对STEM教育发展有了更深的认识和感悟，对促进瑶海区STEM教育的稳步推进具有重要意义。

第二节　课题研究成果与展望

一、研究成果

2020年4月开始，瑶海区课题组多次开展课题组成员会议，对课题研究工作进行了梳理，课题组成员分工合作，统计整理了课题工作的总体进展情况、课题资料等。大量的数据和实践案例显示课题组所开展的研究工作，形式多样的STEM及创客教育活动得到全区大多数学校和教师的支持和认可。“瑶海区中小学STEM创客教育区域推进的实践与应用研究”课题研究主要成果如下：

（1）开发了符合瑶海区特色的小学STEM教材；

（2）构建了STEM教育区域推进的策略及模式；

（3）构建了STEM教师“135培训体系”；

（4）建设了符合“三性三型”特征的创客空间；

（5）瑶海区学生的创新思维、观察能力和动手实践能力等的培养卓有成效。

瑶海区STEM教育的发展模式及取得的成绩，引起了广泛关注，许多兄弟学校、外地市教育局纷纷前来取经或参加我们的STEM研讨活动。研究的辐射引领范围越来越广。光善慧老师还被国际STEM组织邀请参加2021年7月在加拿大温哥华举行的第六届国际STEM教育线上交流会。

2020年9月课题组开展了一次问卷调查，瑶海区共有6801名学生、325名教师参与了调查，为课题组分析课题研究成果提供了有效数据支撑。下面就本课题的研究成果做如下分析。

(一)统一规范的教材是STEM教育可持续发展的基础

依据建构主义教育理论和陶行知先生“教学做合一”思想,课题组不断探索STEM教育的真谛,制定了《义务教育阶段小学1—6年级STEM课程教学大纲》(见本书第四章),并依据教学大纲,循序渐进开发教材。

1.STEM教材开发流程及成果

为保证教材的科学性和实用性,我们坚持“从实践中来,到实践中去”,按照“发资源—磨课程—上课堂—再修正”的流程开发教材,经过五轮研讨,最终生成教材案例。

目前教材开发共完成三册:《小学低年级STEM教材(一、二年级)》《小学中年级STEM教材(三、四年级)》《小学高年级STEM教材(五、六年级)》。为方便教师和学生使用,每册教材还包括教师用书、学生用书和教学资源包(电子光盘)三种配套资料。其中,教师用书包括材料与仪器清单、引导性课程内容(图文素材)、实践(科学探究、工程设计)过程记录与结果展示、教学环节指导建议、补充阅读和教师教学情况评价表等;学生用书包括安全手册、引导性课程内容(图文素材、问题)、实践(科学探究、工程设计)手册等,其中实践手册包含过程记录与结果记录表、补充阅读和学生学习情况评价表等。

2. 小学STEM教材成果分析

在教材开发的同时,我们也一直在思考该如何开发,开发的理论依据、基本理念、教学目标及教材的性质是什么,只有解决了这些问题,才能开发出我们所需要的、适合小学生的STEM教材,才能更好地落实教材的使用。

(1)小学STEM课程是以学生实际生活情境和需求为基础,以学生实际生活中发现的问题为契机,以体验、验证、探究、创新等方式解决问题为导向,以培养学生跨学科学习能力、科学探究能力、工程设计能力、创新能力为目标,以培养高阶创新人才、全面提升学生核心素养为目的的综合实践性课程。教材要体现科学性、实践性、综合性、协同性和创新性。

(2)教材设计的基本理念必须坚持以人为本,为每一个学生终身发展奠定坚实基础;倡导以项目式学习为主,改变学生传统学习方式,强调学生的主体地位;坚持学生独立思考与积极实践相统一,引导学生形成正确的价值观;整合课程资源,实现跨学科融合。

(3)小学STEM教材要依据小学生的心理及思维发展特点设置课程难度,依据STEM教育的性质和特点设置知识板块,依据学生认知规律和教学目标设置课程类型。

3.教材开发的反馈与反思

关于"学生喜欢的STEM及创客课程情况""学校开设STEM及创客课程的实施形式"的问卷调查结果如图2-1、图2-2所示。

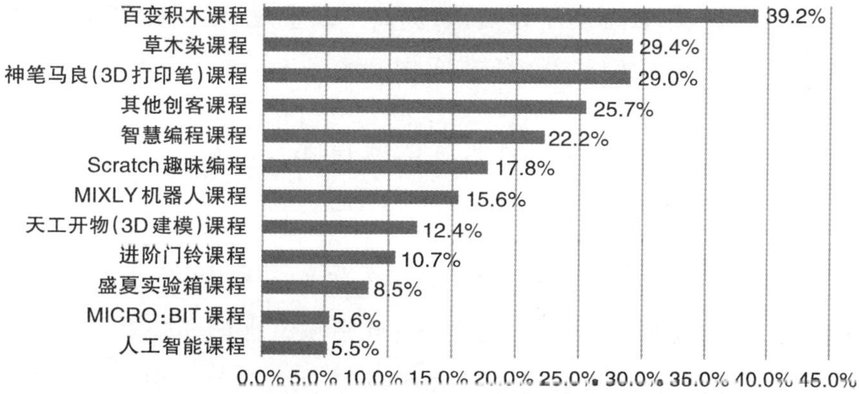

图2-1　"学生喜欢的STEM及创客课程情况"问卷统计

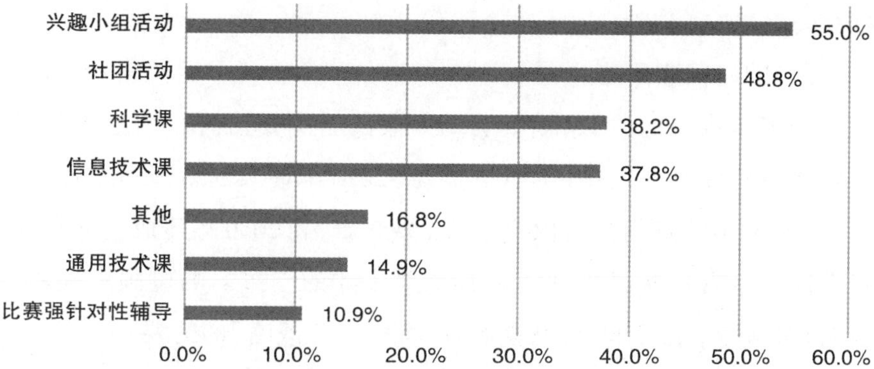

图2-2　"学校开设STEM及创客课程的实施形式"问卷统计

通过问卷调查，我们既看到了研发教材的意义，也看到了存在的问题。

（1）学校STEM课程从无到有，再到现在的非常丰富，说明学校注重校本教材的开发，体现了领导的重视和STEM教师的钻研精神；图2-1中区本教材上的课程受喜爱的程度能排在第二、第三名，说明我们的教材受到了学生的认可。

（2）从图2-1可以看出，涉及美术、物理、工程等多元素融合的STEM及创客课程更受学生喜爱，说明学生对跨学科课程有较高的兴趣，这为课题组后期的课程开发提供了重要参考。

（3）从图2-2可以看出，大部分学校主要依托兴趣小组活动、社团活动、科学课和信息技术课等实施STEM及创客课程，将其融合在学校的课程中，减轻了教师的工作负担，提高了课堂教学效率。但是这也提醒我们，STEM教育要做到全员普及，依然任重道远。

（二）研究策略是STEM教育区域推进的关键

1.研究策略的制定

在开发教材、推动STEM教育区域发展的过程中，依据约翰·杜威的实用主义教育理论、西蒙·派珀特的建造主义理论和维果茨基的“最近发展区”理论，我们以教材开发为基础，在实践中努力构建区域STEM教育新生态。通过多方合作，立体管理，最终形成合力，积极推进STEM教育的发展。

（1）响应国家战略。

2016年颁布的《国家创新驱动发展战略纲要》提出，国家创新驱动发展战略目标要分三步走：第一步，到2020年进入创新型国家行列；第二步，2030年跻身创新型国家前列；第三步，到2050年建成世界科技创新强国。所有这些目标的实现都需要人才的支撑。响应国家战略，发展STEM教育，主动作为，也是瑶海“科教兴区战略”的需要。

（2）制定战略目标。

创新思维的培养，必须从小抓起。我们的目标，就是要通过STEM空间建设与持续的STEM课堂教学实践，开发出适合学生的STEM教材，努力让STEM教育惠及最广泛的学生群体，让科学思维与创新能力成为每一个孩子的成长基因。

（3）顶层设计。

瑶海区有良好的科技创新、机器人活动等创新基础，省市科协领导一直高度关注，在区委、区政府领导的关怀下，2016年成立了瑶海区创客教育俱乐部，2019年成立了瑶海区青少年科技教育研究院。

（4）基于融合创新的STEM教育发展模式和策略。

良好的顶层设计构建了有效的研修策略，形成了较为成熟的瑶海区"五+五STEM教育发展模式"的策略，即STEM教师培养"五个一"和STEM教育发展"五个一"。

2. 融合创新，坚持"五+五STEM教育发展模式"

（1）STEM教师培养"五个一"。

创客教育发展的关键是教师，我们把建设一支高素质的STEM教师队伍放在首位。2018年5月，52位教师申报了瑶海区首批STEM教师。申报者在一年考查期内需完成"五个一"，即一篇STEM论文，一篇STEM教学设计，一篇STEM教学反思，一个STEM课例，一件STEM教师指导的学生创客作品。瑶海区教体局会给考查合格的教师颁发"STEM种子教师"证书。这一举措既有利于激励有创客经验的科技创新辅导教师，又有利于培育新人，进一步扩大STEM教师队伍。这批教师会成为课题组的骨干研究成员，保障课题研究的技术力量。2019年12月，我们根据教师申报材料，聘请专家严格按照"五个一"进行审核，最终有16位教师荣获瑶海区首批"STEM种子教师"称号。2021年，又新增13名第二批"STEM种子教师"，瑶海区逐步建立起自己的专业STEM教师队伍。

(2)STEM教育发展“五个一”。

STEM教育发展“五个一”就是每年建设一个创客空间,每年开展一次STEM教师高端培训,每两周组织一次STEM教育研讨活动,每年申报一个STEM教育研究课题,以及开发一套符合瑶海区特色的STEM区本教材。

①搭舞台:每年建设一个创客空间。

我们先后为课题成员校投入600多万元建设创客空间,加上学校自建的创客空间,目前有20所学校拥有独立的创客空间。在此基础上,每个学校还根据自身校情确定STEM发展的特色和模式。

②提高度:每年开展一次STEM教师高端培训。

没有理论支撑的课题研究就如无源之水。所以,要培养一个STEM创客,教师必须具备超强的学习能力、过硬的实验操作能力、先进的信息技术应用能力、扎实的教育理论功底与教学能力、前瞻性的课程设计能力与整合能力。通过高端培训聆听来自全国乃至世界的STEM教育大师们的讲座,教师们眼界大开。走出去,请进来,课题组骨干教师迅速成长起来,瑶海区STEM教育也逐步形成自己的发展规律与特色,并开始深层次影响教育教学。

③练内功:每两周组织一次STEM教育研讨活动。

课题研究必须立足课堂,真抓实干。因此,每两周开展一次区级STEM研讨活动已成为常态。在STEM教学实践过程中,我们总结出STEM五步教学法,即创意、设计、制作、分享、评价。两周一次的活动内容也丰富多彩,如上STEM研讨课、请专家做讲座、开展创客作品比赛、研发区本教材、开展课题研究等。我们转变“自上而下”的传统管理职能,强化“自下而上”的教研工作思路,努力提高STEM专业引领的针对性和实效性,有力促进了瑶海区STEM教研文化的快速发展。

④聚内涵:每年申报一个STEM教育研究课题

我们坚持以课题研究为切入点,引导教师通过课题研究解决STEM

研究中发现的难点。2016年香格里拉小学的市级课题“中小学信息技术教师开展创客教育的实践研究”立项；2017年两个省级课题立项，分别是行知学校的“依托信息技术名师工作室开展中小学创客教育的实践研究”和香格里拉小学的“创客教育背景下校本课程开发的研究”；2018年瑶海区教体局申报的国家级课题“瑶海区中小学STEM创客教育区域推进的实践与应用研究”、省级课题“中小学STEM教育区本教材的开发与应用研究”立项；2019年和平小学东校省级课题“STEM在小学学科教学中的应用研究”立项。目前，其中的三个课题已经结题。在研究中碰撞思维，激发火花，创客的内涵不断丰富、生命力不断增强。

⑤挖潜力：开发一套符合瑶海区特色的STEM区本教材。

没有统一教材，是目前STEM教育面临的现状。实践证明，没有教材的STEM教育难以走长远。因此，开发一套适用于6—12岁少年儿童系统的、具体的STEM课程是我们课题研究的首要任务。我们依据中小学科学、物理、化学、生物、数学、通用技术、地理、信息技术、历史、美术等学科的教学大纲，借鉴STEM教育理念，组织有经验的STEM骨干教师编写教材。目前，瑶海区小学区本STEM教材已经开发完成。

(3)注重特色引领，推动区域发展。

①百花齐放，百家争鸣。

一花独秀不是春，百花齐放春满园。我们鼓励瑶海区创客走出去，通过不同渠道、搭建不同平台，各展风姿，各具特色。俱乐部中16所学校成为2019年全国青少年人工智能科普活动特色单位，4所学校成为徽派创客骨干成员。徽派创客工作室成立以来一直作为开放多元的创意交流社区，践行着创客文化的普及和创客教育的推广，带领工作室成员不断与国内外创客机构和平台深入交流，并参与创客课程的深度学习和教学研讨，让更丰富的创意创想和教学资源在平台上得到共享。

②引领辐射，拓展应用。

瑶海区STEM教育的新颖发展模式及取得的成绩，引起了广泛关注，许多兄弟学校、其他地市教育局纷纷前来取经或参加我们的STEM研讨活动。

2017年6月9日，合肥市创客教学展暨洪福名师工作室走进香格里拉小学教学观摩活动成功举办。2017年8月20日—27日，应西藏山南市教育局邀请，合肥市教育局选派信息化专家赴山南市开展教育信息化专题培训，笔者将瑶海STEM教育的区域推进与实践策略带到了雪域高原，受到参培教师的高度赞誉。2018年1月12日，在合肥市STEM教育实验学校启动暨培训工作会议上，瑶海区代表介绍了瑶海STEM教育经验，与会人员深受启发。2019年4月30日，笔者应安徽省教育厅的邀请为全省信息化研究课题骨干教师做了题为《如何做STEM教育研究课题》的专题培训。2020年3月，瑶海区教体局成为教育部科技司立项的“合肥市教育信息化教学应用模式实践共同体”的秘书处，组织开展共同体的各项活动，辐射成都市、上海市、合肥市共58所STEM成员校。

3.策略效应与反思

（1）学校一周开设STEM及创客课程数量情况如图2-3所示。从图中可以看出，学校开设STEM及创客课程，一周一节的占59%，两节的占28%。STEM及创客课程已经被纳入全区学校下午的三点半课堂。把STEM及创客课程纳入课程表，有利于STEM教育的可持续发展。

（2）学生参与STEM及创客课程情况如图2-4所示。从图中可以看出，48%的课程是开放的，学生只要感兴趣就可以参与；25%的课程，学生要先报名，经老师选择后才能参与。总体上，学生对STEM及创客课程或活动有热情、有兴趣，参与度高。

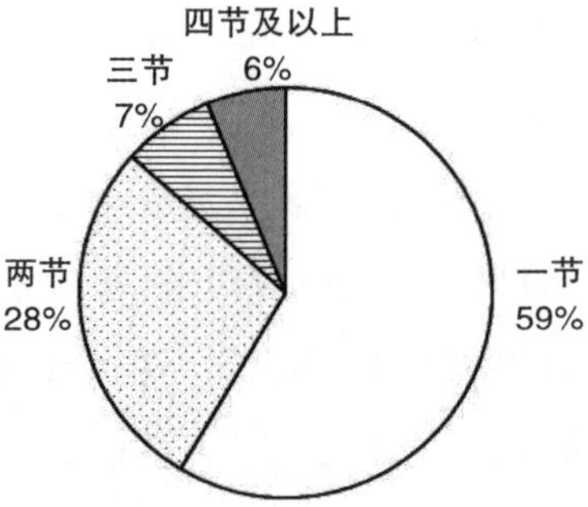

图2-3　学校一周开设STEM
及创客课程数量情况统计

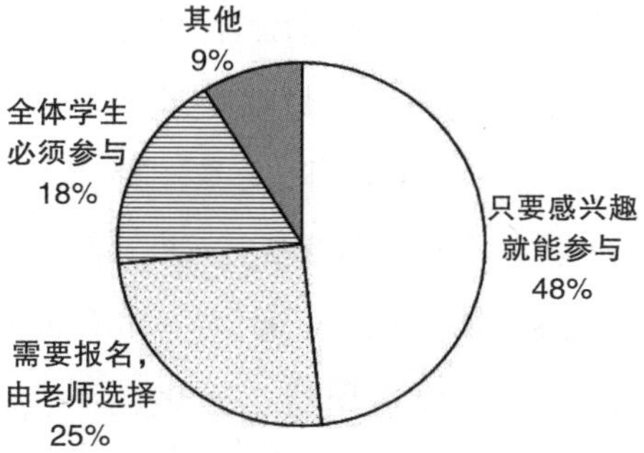

图2-4　学生参与STEM
及创客课程情况统计

（三）创客空间是STEM教育发展的舞台

1. 空间配置体现“三性三型”

（1）空间的需求性。2018年，课题组在创客教育中融入STEM理念，俱乐部成员校也由成立时的20所逐渐增加到26所，参与面越来越广，对STEM空间的需求量也越来越大。

（2）空间的普适性。创客空间是创客动手创作、交流分享的活动场所。创客空间提供创客场地和基本的工具，大家在这里一起共享知识并创作作品。有了STEM课程，创客空间就成为STEM教育的空间。因此，中小学STEM教室应具备普适性的创新教育职能。

（3）空间建设的科学性。自2016年起，瑶海区教体局共投资600多万建设STEM空间，目前20多个学校拥有自己的空间。空间建设有三大依据：学校校情、学生特长、发展方向。

创客空间有三大类型：基础STEM空间、特色STEM空间和STEM空间班班通。

对于基础STEM空间，我们秉持的宗旨是，用最少的投入，办最好的教育。瑶海区是科技创新、机器人、编程、航模等赛事的传统优秀区域，而STEM、创客与这些赛事都有相交点。因此，我们指导各校在此基础上，结合本校已有设备和学生特长，将STEM空间与科技创新、机器人、编程、航模等空间融合，组建了20个基础STEM空间。如和平小学花冲分校STEM空间目前有数模转换器、电路等器材，蚌埠路第三小学有3D打印STEM空间，新安江路小学有艺术STEM空间，大店小学有机器人STEM空间，郎溪路小学有物联网STEM空间，和平小学东校有电子模块STEM空间，大通路小学有创意编程STEM空间等。在STEM空间，学生们可以运用所学知识动手实现想法，在碰撞、分享、自主、开放氛围中，他们的想象力被激发、创新能力被培养、自主学习与思维能力得到锻炼。

针对行知学校九年一贯制的特点，教体局先后投入180多万元，建了两个比较完备的特色STEM空间。场馆总面积达1000平方米，配备有3D打印、物联网、机械加工、科学实验套装、创意搭建、激光切割等设备，并分隔成不同的功能区，以满足不同特长和需求学生的学习需要。学校设置的STEM课程中，既有目前国内较为流行的开源机器人、3D打印、物联网、创意搭建、机械加工等项目，也有与小学科学和初中理科课程、综合实践活动课程紧密关联的“行知科学探究”STEM课程。学生通过动手动脑，既学到了知识、技能，又掌握了生存、生活、创新、创造的技能。

由于香格里拉小学教育理念先进，又是科技创新传统名校，教体局先后投入200多万元，建设了一间100多平方米的综合STEM空间、23个班级小STEM空间、1个创新展厅和1条创新长廊，创新器材更是达到500多套，包括创客器材、各类机器人器材、3D打印机、工程创意器材等，基本能够保证全校1200多名学生使用，实现了STEM空间班班通。

2.空间应用及反思

（1）图2-5展示了学生学习STEM及创客课程的主要场所，结果表明，创客空间有较高的利用率。另外，很多学校还根据本校的实际情况，因地制宜地开展活动，计算机机房、普通教室都能用来开展STEM活动，说明瑶海区开始出现普及性STEM教育，这也是我们开展这项研究的创新点之一。

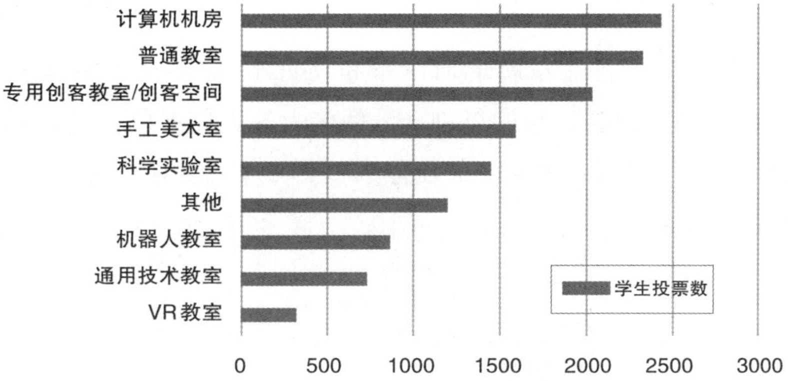

图2-5　开展STEM及创客教育的活动场所统计

（2）图2-6为学校各种STEM及创客教育设备使用情况统计。从调查结果可知，开展创客活动所使用的设备以特色设备（其他）、机器人套件、3D打印机和Arduino开源软硬件为主，激光切割机、数控雕刻机使用率较低。统计结果表明，一方面已配置的STEM教育器材学校基本都在使用；另一方面，STEM教育是创新领域最前沿的教育，技术及设备的应用也要与时俱进。近两年由于资金有限，新设备配置较少，后期我们将筹措资金，更新技术与设备，不能让学校的STEM教育因为技术与设备的限制而难以前进。

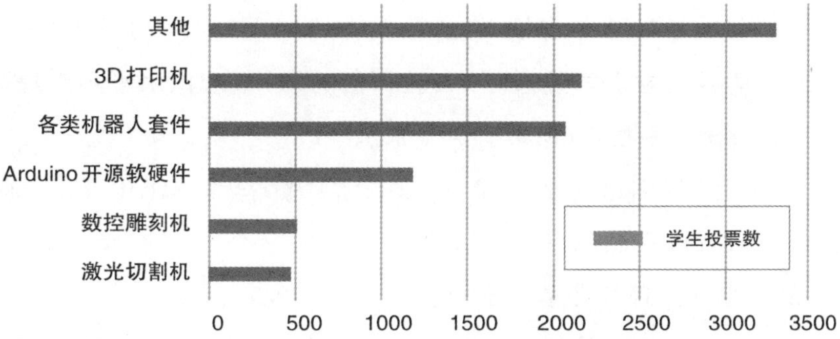

图2-6　学校STEM及创客教育设备使用情况统计

(四)“STEM教育135培训体系”成就教师专业发展

为有效构建教师发展培训体系和促进本地区STEM教师专业发展,依据中国教科院发布的《STEM教师能力等级标准(试行)》,课题组建立“瑶海区STEM教育135培训体系”(图2-7),以评价为导向,明确STEM教育发展的方向。

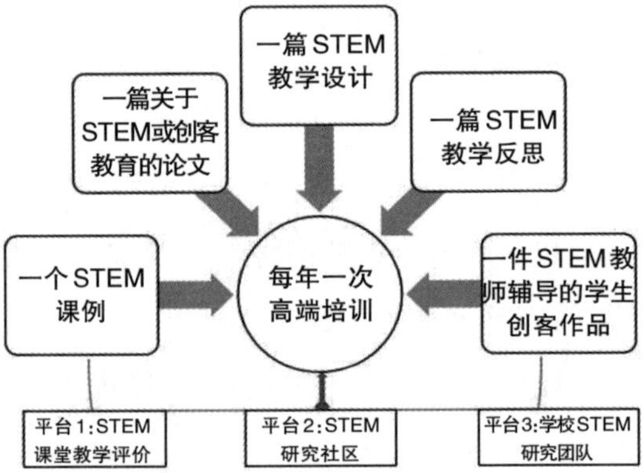

图2-7　瑶海区STEM教育135培训体系

1.“一培训”提升教师STEM理论水平

为了让教师更快了解和走近STEM,教体局每年至少组织一次骨干教师到STEM教育先发地区培训考察,如2018年6月28日—7月2日的深圳培训,2018年12月20日的创客教育培训现场会,2019年10月18日—21日的西安培训。经过培训,教师们的STEM理论水平不断提高。

2.“三平台”促进STEM教师专业成长

“三平台”分别指的是STEM课堂教学评价平台、STEM研究社区平台、学校STEM研究团队平台。

(1)平台1:STEM课堂教学评价。

两周一次的研讨课,让课题组在研制教材的过程中深刻感受到评价的重要性。所以,课题组认真总结,不断实践,研制的STEM课堂教学评价指标2.0版已经开始使用,这也是确保教材有效使用的关键。有效引导、规范STEM课堂教学行为，对促进STEM教师专业发展，提高STEM课堂效率，培养具有工程师思维的创新型人才具有重要意义。

课题组与高校STEM专家合作，协同研究，紧密依靠一线STEM教师，通过“发放资源—磨课—展示探究—专家指导”这条研发路线，从实践中来、到实践中去，摸索课堂教学评价指标，试图给教师、学生学习STEM提供规范的指导。

教学评价是有效提高STEM课程效率、检验STEM课程质量的有力抓手。课题组邀请中国教科院STEM教育研究中心主任王素、副主任罗夫运作为指导专家。目前STEM课堂教学评价指标1.0版已经更新到2.0版，并与软件结合形成了STEM课堂教学评价系统。评价指标包含教师评价两个维度20项指标和学生评价两个维度21项指标。

（2）平台2：STEM研究社区。

在国家资源服务平台，课题组构建了“合肥市STEM新生态社区”。每个学校研究团队均在社区建立了自己的社区小组，小组定期开展活动。通过开展STEM教师培训、STEM教师教研活动、STEM教师能力大赛等，充实社区资源平台，让社区成为STEM教师培养的数字资源库。在专家指导下，课题组不断完善STEM研究平台，借助国家教育资源公共服务平台的教育信息化应用共同体社区，积极探索促进本地区STEM教师专业发展的有效途径。为鼓励社区建设，课题组制定了社区建设评价标准，每年评比一次，鼓励优秀，鞭策不足，互助发展。

（3）平台3：学校STEM研究团队。

学校STEM研究团队是STEM发展的基础，课题组鼓励学校百花齐放，助力全区STEM教育的区域整体推进和教师的专业发展。

2018年，STEM骨干教师、合肥市第五十五中学教师刘兵的徽派创客工作室成为全国35所“青少年创客示范工作室”之一。工作室成员多次参加各类全国创客培训及论坛活动，成员校之间的创客交流研讨活动成为常态化。

瑶海区长期把青少年人工智能科普活动作为一项重要工作来抓，有一支稳定的科技辅导员队伍，有完善的科技活动计划和严谨的管理制度，在青少年人工智能科普活动中取得了不俗的成绩。瑶海区2018年有6所学校、2019年有14所学校获得“全国青少年人工智能活动特色单位”称号；大店小学、马岗学校、庐东学校均晋级人工智能全国赛并获奖；临泉路第一小学人工智能作品成功晋级“宋庆龄少年儿童发明奖”人工智能项目全国总决赛，极大地推动了全区青少年人工智能科普活动的深入开展。

3.“五考核”检验教师STEM素养

面向STEM教师，课题组逐步构建准入、考核等成体系的评价方式。通过STEM教育实践，促进自身专业发展是成为一名优秀STEM教师的必经之路。瑶海区的STEM教师成长必须通过“五个一”考核，该评价方法也成为瑶海区扩大STEM教师队伍的有效途径。

瑶海区“STEM教育135培训体系”，做到点、线、面结合，有效促进了STEM教师的专业发展，让更多教师走上了STEM舞台。2018年—2019年，课题组教师共获奖75项，发表省级以上论文13篇；光善慧老师2019年6月被中国教科院STEM研究中心聘任为兼职研究员；胡国良老师两次被全国人工智能大赛聘任为评委。2019年12月，瑶海区16位教师被授予瑶海区“STEM种子教师”称号。

4.教师培训的意义及反馈

（1）图2–8的数据说明，从事STEM及创客教育活动教师的学科主要是科学、信息技术和数学，且大部分曾经是科技创新辅导员，在有效开展STEM活动方面具有良好的基础。同时还有语文、美术、生物、物理、化学等学科的教师，这就为多学科融合创造了条件，也说明STEM教育和创客教育理念逐步被更多教师接受。

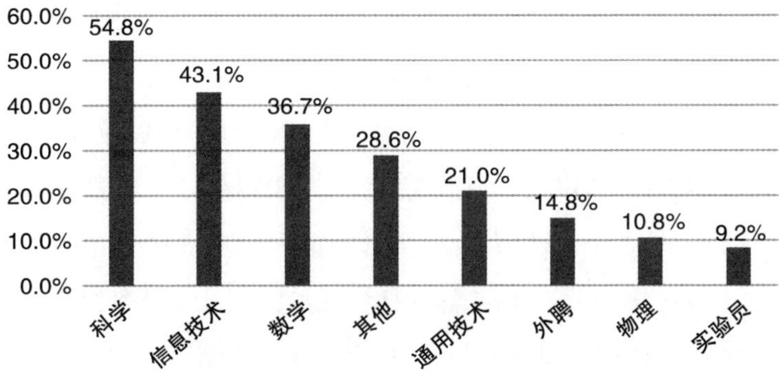

图2-8　从事STEM及创客教育活动教师的学科分布

(2)对学生参与STEM及创客行动持支持态度的家长达到88%,说明STEM活动的开展已得到绝大部分家长的认可。这既是活动的高效开展获得家长支持;另一方面也说明,家长们现在越来越重视孩子创新意识和创新能力的培养。

从本次结题时统计各位课题组教师的成果看,教师发表论文、获奖、辅导学生的成果都非常多,说明"135培训体系"效果显著,STEM教师成长迅速。教师的成长就是学生的成长,所以这两年,瑶海的小创客也是茁壮成长。

(五)STEM教育发展的目标在于培养创新人才

1.小创客在成长

STEM教材开发,重在应用,而应用的着力点自然是在学生身上。通过开展STEM教学活动,学生的创新意识得以增强,创新能力不断提高。STEM教育让更多的学生将创新意识落实到行动中,成为创客小达人。近几年,瑶海区学生STEM教育、创客创新成绩显著,共荣获世界、国家、省、市各级大赛一、二、三等奖多项,先后五次获得合肥市青少年科技创新市长奖,瑶海区教体局获得全国青少年科技创新优秀组织奖、全国基础赛事优秀组织单位奖,三十八中机器人代表队先后获得世界青少年电脑机器人锦标赛FLL项目亚军和中国青少年机器人竞赛冠军。在2019年合肥市首届STEM案例评比中，瑶海区10个STEM案例获奖，位居合肥市第一位。2018年—2019年，瑶海区在合肥市中小学创客比赛中有40件作品获奖，在安徽省创客大赛中有8件作品获奖，在全国创客大赛现场赛中有2件作品获奖。2018年，在合肥市首届“江淮瑞风杯”创客比赛中，瑶海区有74件作品获奖，占全市获奖总数的30%。2019年在第二届“江淮瑞风杯”创客比赛中，瑶海区有95件作品获奖，占全市获奖总数的33%。2018年，在合肥市第三届“十大最美小创客”评比活动中，瑶海区两名学生获得“最美小创客”称号；2019年一名学生获得“最美小创客”称号。瑶海区各类赛事成绩在合肥市县区中遥遥领先，一批小创客在STEM教育的熏陶下成长起来。

2.成长与反思

教书育人，为国家培养更多创新型、适应未来社会的人才，是我们从事STEM教育、创客教育的初衷。为了进一步明确STEM教育培养学生能力和核心素养的效果，问卷中设计了两项调查，由学生来判断自身是否在STEM课程学习中得到进步。调查结果如2-9和图2-10。

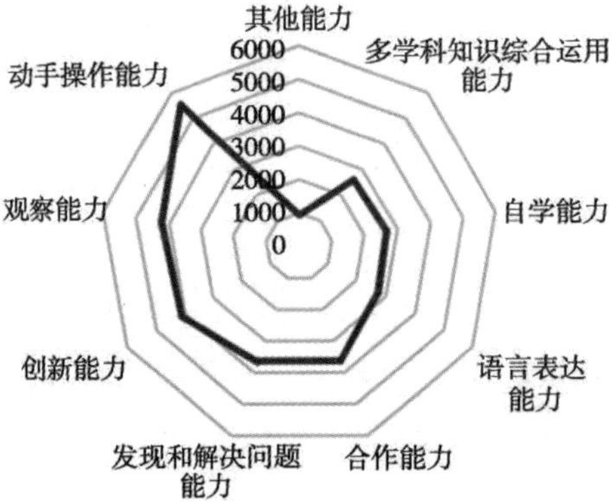

图2-9　STEM教育培养学生能力情况

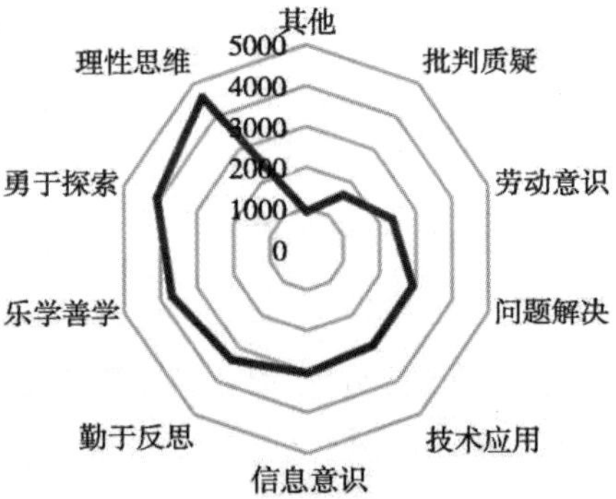

图2-10　STEM教育培养学生核心素养情况

图2-9表明，STEM教育对学生动手操作能力、观察能力和创新能力等的培养卓有成效，越来越多的学生爱上STEM课程，这是对我们STEM教育人极大的鼓舞。图2-10说明，STEM教育对学生的理性思维、勇于探

究、乐学善学等方面的素养有明显提升，体现创客活动的价值和意义。

图2-9、2-10还表明，在STEM教育教学过程中，学生的批判质疑素养、劳动意识、多学科知识综合运用能力、自学能力的提高较少。我们反思，教师还是放手不够，对学生信任不够，这与STEM教育的理念是不相适应的，也是我们今后要改进的。

表2-1　2018年—2020年STEM教师研究成果

教育研究成果	发表论文			STEM及创客比赛获奖		
	国家级	省级	市级	国家级	省级	市区级
数量	19篇	4篇	3篇	10项	7项	44项

表2-2　2018年—2020年学生STEM学习成果及其他荣誉

学生STEM学习成果	STEM及创客比赛获奖			其他荣誉
	国家级	省级	市级	合肥市“最美小创客”
数量	4项	19项	275项	4名学生 （每年全市共评选10名）

表2-3　2018年—2020年成员校所获荣誉

奖项名称	全国青少年人工智能特色单位
获奖数量	20所学校

二、展望

1.STEM研究的思考与启发

探索的路艰难，收获的心快乐。STEM教育的实践，给了我们很多思考与启发。

（1）教师素质。由于缺乏专业学习训练，STEM教师都是其他学科教师兼职，水平参差不齐，开展STEM教育工作难度大。今后，我们将继续开发STEM教材，以教材开发为抓手，带动教师专业发展，进一步提高STEM教师的科学素养。STEM及创客教师随着课程的规范化，将逐步向专业化方向发展。

（2）顶层设计。这是STEM教育发展的关键，顶层设计不明，摸着石头过河，就会在理念和模式上出现了许多分歧和误区。因此，我们每年将开展全区校长信息化能力提升培训，让STEM教育理念深入人心，让顶层设计为STEM教育打开绿色通道。

（3）课程融合。只有将STEM理念融入教育，融入每一门课程，STEM教育才能走得远，走得卓有成效。但课程融合难度较大，今后课题组将引导教师多开展STEM课题研究，用研究促进融合。

（4）教学实践。没有统一的教材和课程标准是STEM教育发展的瓶颈。课题组将在现有基础上，进一步优化区本教材，开发区本新教材，制定和完善地方课程标准，为教学实践助力。

总之，改革最终发生在课堂，落实在学生身上。我区在STEM教育工作中做了许多有益的尝试，通过扎实开展STEM教学研究，将“教、学、研、创”有机结合，相辅相成，是培养适应新时代发展的创新人才成效显著的最好体现。

2.STEM教育发展展望

（1）小学1—6年级STEM教材的开发已经完成，每个年级4个主题。之后我们将开启初中7—9年级、高中10—12年级的STEM教材开发，逐步解决教材难题。

（2）STEM课堂教学评价体系的开发迫在眉睫，是以后的主要的研究方向。

第三章

教育信息化STEM教学应用模式实践共同体研究策略

第一节　实践共同体的内涵与发展

瑶海区创客教育俱乐部作为一个区域的研究共同体，所取得的成就在合肥市有目共睹，也为我们开展“STEM 教学评价实践共同体研究”项目提供了最初的研究经验与方法。

2019 年底，教育部科技司发布了《关于做好 2019 年度教育信息化教学应用实践共同体项目推荐遴选工作的通知》，合肥市教育局联合瑶海区开展了“合肥市教育信息化教学应用模式实践共同体”的项目申报。2020 年 3 月，申报的共同体项目成功立项，成为 2019 年教育部科技司公布成立的全国 20 个共同体之一。

乘风破浪会有时，直挂云帆济沧海。实践共同体的成功立项，对瑶海区课题组来说，既是机遇，又是挑战。这不但让瑶海区 STEM 实践共同体的研究范围由区域内扩展到区域外，而且最难能可贵的是打开了 STEM 研究的视野，上海、成都等地的优秀 STEM 研究教师的加入，为共同体输入了新鲜血液。全国各地顶级 STEM 研究专家的指导，使我们在共同体的大家庭里，见证着 STEM 教育的茁壮成长。

一、实践共同体的内涵、关键点及主要目标

1991 年，莱夫等人在《情景学习：合法的边缘性参与》一书中最早提出了“实践共同体”的概念。他们认为共同体的成员会一起分享共同关注的问题或对同一话题充满兴趣和热情。这些人并不一定每天在一起工作，但他们因发现了他们之间互动的价值而聚在一起。随着时间的推移，他们在共同话题上通过共同活动，共同形成了独特的见解，并形成一个拥有共同知识、实践和方法的团队。

2020 年 4 月，我参加了中央电化教育馆组织的实践共同体的线上

培训，聆听了河南大学梁林梅教授作的题为《教育信息化教学实践共同体的2018总结与2019项目建议》的讲座，让我对实践共同体的概念及实施有了初步的认识，并依此制定了本共同体研究的实施方案。

（一）内涵

实践共同体是指有着共同的目标、共同的工作，或者共同兴趣的一群人，组成一个自组织、非正式的团体，就他们共同关注的问题进行讨论，从而促进知识共享和改进专业实践。

教育信息化教学应用实践共同体是在教育行政部门的支持下，围绕某一信息化教学应用模式，区域、学校等不同成员单位组织起来，共同开展研究和实践，共同推动该模式的发展。教育信息化教学应用实践共同体坚持用实践共同体的组织形式来构建人员结构，分配实施任务，开展项目活动。其组织结构包括教育行政部门、教研科研培训部门、信息技术部门；按发挥作用的程度分，有牵头单位、核心成员和外围成员。

（二）关键点

（1）教育行政部门不是共同体建设和实施的主体，但不可或缺，其角色和作用主要是支持、指导和管理。

（2）具有一定的开放性，鼓励跨区域合作来扩大经验输出，鼓励在项目实施的过程中不断吸收新成员。

（3）采用多方协同的组织管理机制。

（4）创新了实践共同体的组织机制和组织模式。

（三）主要目标

（1）以实践共同体的组织形式，协同推进区域和学校的信息化教学应用。

(2)拓展教育信息化的推进路径和工作方法。

(3)积极探索信息化教学应用的新形态和新模式。

(4)形成一批成熟的可借鉴、可复制的信息化教学方法、教学组织形式和典型案例。

二、实践共同体的源起及发展

(一)实践共同体的源起

1.首批全国教育信息化教学应用实践共同体

2018年,教育部科技司在全国遴选了首批教育信息化教学应用实践共同体,并成功验收,取得了丰硕成果:一是形成了一批各具特色的,成熟度高,可借鉴、可复制的以实践共同体为组织形式的信息化教学应用新模式;二是以实践共同体为组织特色的信息化教学应用推广机制,正在初步形成;三是促进了教师教学能力提升和信息素养提高,培养了一批信息化教学应用骨干队伍;四是建设和汇聚了一批优质教学资源,扩大了优质资源的来源和资源共享的覆盖面。这些成果优化了所在地区的教育治理,有效助力教育行政部门合力推进所在地区或学校教育信息化的发展。

2.2019年全国教育信息化教学应用实践共同体

2019年,为深入贯彻党的十九大精神,全面落实全国教育大会精神、《教育信息化"十三五"规划》和《教育信息化2.0行动计划》,深化信息技术与教育教学深度融合,积极推进"互联网+教育"发展,根据教育部《2019年教育信息化和网络安全工作要点》的部署,教育部科技司决定在2018年的基础上,继续遴选、组建一批教育信息化教学应用实践共同体。2020年3月,教育部科技司共遴选了2019年全国教育信息化教学应用实践共同体20个,共包括网络学习空间、在线开放课程、跨学科学习(STEM教育)、智能教育四类教育信息化教学应用模式。

（二）实践共同体的发展

瑶海区教体局早在2016年12月就成立了以STEM及创客为研究内容的瑶海区创客教育实践共同体，创立时有20所成员校，初步形成了区级层面的研究共同体。瑶海区创客俱乐部一直秉持“专家引领、创新应用、有效融合、科学发展”的指导方针，以《教育信息化2.0行动计划》《中小学综合实践活动课程指导纲要》等国家政策为导向，以STEM课程建设及STEM教师培养为牵引，让STEM及创客教育惠及全体学生；通过培养创新思维和科学探究能力，注重学习过程的测量，改变评价方式和创新培养模式。教育信息化推动教育现代化，促进教师教学行为的转变和学生学习方式的改变。三年的研究，我们总结出具有瑶海区特色的“五+五STEM教育发展模式”。2017年开始，俱乐部在瑶海区教体局信息中心的组织领导下，积极开展丰富多彩的STEM及创客活动。2018年1月成员校扩大到26所。2017年—2019年连续三年在合肥市、安徽省乃至全国组织的创客大赛中，瑶海区小创客的获奖数都在合肥市遥遥领先。俱乐部还开发了一套小学1—6年级区本STEM教材，并在STEM评价研究上有了一定的经验。

2019年11月，由合肥市教育局牵头，瑶海区教体局及5个核心学校（合肥市行知学校、合肥市大店小学、合肥市香格里拉小学、合肥市第十一中学、合肥市临泉路第一小学），申报了2019年教育部科技司主办的教育信息化教学应用实践共同体项目，2020年3月批准立项。共同体的秘书处设在瑶海区教体局。2020年6月15日开题时，成员校扩展到12个，包括合肥市瑶海区11所学校和肥东县1所学校。随着影响不断扩大，到9月，共同体成员校有合肥市45所学校、上海市实验学校和四川成都市12所学校，覆盖面进一步扩大。

共同体成员校都有两年以上的STEM研究经历，有丰富的STEM研究经验，STEM及创客成果丰硕，这为研究提供了坚实的基础。但是实践共同体需多部门跨区域合作，如何做到协同创新，目标一致，最终完成STEM学习评价体系研究并达到实践验证的目标是我们要关注的问题。

（三）《合肥市教育信息化STEM教学应用模式实践共同体应用研究》项目实施方案

在教育部科技司“2019年度教育信息化教学应用实践共同体”项目的支持下，合肥市教育局携手13个成员单位组建了合肥市教育信息化STEM教学应用模式实践共同体。研究以STEM课堂教学评价为核心，将有效利用信息技术，积极探索STEM教育的评价及应用，推动STEM教育新生态的发展。

1.研究目标

本实践共同体研究的总体目标为STEM教育课堂教学评价。共同体的秘书处瑶海区教体局对STEM教育的研究已经进行了三年，并且在STEM课堂教学效果评价标准的研究上已经有了一定的基础。实践共同体将聚焦教师教学评价和学生学习评价，让评价更好地指导教师的“教”和学生的“学”，进一步提升学生的STEM学习能力和创新能力。

2.研究内容

研究内容主要有以下几个方面：

（1）教师教学行为评价量表。通过教师STEM教学实践，探索教师STEM教学行为评价指标，形成评价量表。通过师生评价，帮助教师找到自己从事STEM教育活动的优势和不足，从而不断改进教学方式，促进教师和学生成长。

（2）学生学习行为评价量表。通过学生STEM学习实践，探索学生STEM学习行为评价指标，形成评价量表。通过师生评价，帮助学生找到自己学习STEM课程时的优势和不足，从而不断改进学习方式，促进学生学习思维和创新能力的发展。

(3)STEM课堂教学评价的有效性。评价量表实现评价的制衡矫正功能,需要有合适的路径和渠道。如问卷评价、STEM教学应用评价系统等,但是哪种评价路径更有效、更便捷,更能促进师生STEM水平和能力的提高,需要不断摸索总结。

(4)STEM课堂教学评价应用模式及指南。通过开展STEM课堂教学评价实践及社区研讨活动,带领教师研究不同教学情境下的STEM课堂教学评价方法,总结出可复制的STEM课堂教学评价应用模式及指南。

3.预期成果

通过教学与评价实践,研究团队努力探索区域与区域、区域与学校、学校与学校协同研究的推进策略,形成信息化教学应用共同体的长效管理机制;同时加强培训与学习,坚持"专家引领、创新应用、有效融合、科学发展"的方针,培养一支高水平的STEM信息化教学应用骨干教师队伍,做到工作扎实,活动丰实,成果真实。

表3-1　预期成果

序号	研究阶段		阶段成果名称	成果形式
	开始时间	结束时间		
1	2020年3月	2020年5月	研究如何运用STEM课堂教学评价系统进一步指导教师的"教"和学生的"学",提升STEM教学效果	数据分析报告
2	2020年6月	2020年11月	完善STEM教学教师评价量表和学生评价量表,组织制作《STEM教学评价应用指南》	评价量表和应用指南
3	2020年12月	2021年1月	遴选STEM课堂教学评价应用优秀学校,提炼经验,汇总典型案例	典型案例

续　表

序号	研究阶段		阶段成果名称	成果形式
	开始时间	结束时间		
4	2021年2月	2021年2月	撰写STEM教学应用模式研究结题报告	结题报告
5	2021年3月	2021年4月	继续建设STEM实践共同体社区，摸索社区发展规律，推出社区应用策略和模式，让社区成为STEM教师培养的摇篮和优质资源库	研究论文
6	2021年5月	2021年6月	不断优化STEM研究实践共同体社区，形成STEM教育发展新生态，发挥辐射带动作用，在全国推广应用	应用模式

4.研究方法

（1）问卷调查法。通过问卷，调查共同体学生、教师对评价的看法、要求及应用状况等。只有了解清楚这些状况，研究才能有针对性。

（2）文献研究法。通过查阅国内外教育信息化STEM教育评价应用模式及实践共同体研究文献，寻找研究的切入点及方法。

（3）行动研究法。以STEM课堂教学及STEM教师专业成长中存在的问题为切入点，扎实开展STEM教育评价实践研究，在研究过程中解决问题。通过对典型案例的总结、反思、实践，形成科学的、可操作的STEM教学评价应用优秀典型案例。

（4）经验总结法。将项目研究的整体评价设计有目标、有意识地落实给成员校STEM骨干教师，教师通过实验、授课、实践，以及社区交流研讨，不断进行总结反思，完善社区建设的策略和模式，制作最优STEM教学评价应用指南。

（5）个案研究法。通过剖析教师授课的评价案例和学生STEM学习评价案例，积累评价指标、成长经验，为项目最终成功提供验证材料。

5.方案任务分解

（1）第一阶段（准备阶段）：2019年11月—2020年2月。

①2019年11月：结合实践共同体在STEM及创客教育评价研究中已经取得的成绩，制定跨学科STEM研究实践共同体申报方案。

②2019年12月：培训STEM骨干教师，根据实践共同体自身特点，找准项目立项的核心研究内容，制定科学的实践共同体研究方案，并请专家指导，进行可行性分析。

③2020年1月—2月：确定成员单位之间分工合作的具体任务和进度安排，按计划、分步骤开展全员培训。

（2）第二阶段（实施阶段）：2020年3月—2020年11月。

①2020年3月—4月：依托国家数字教育资源公共服务体系，创建共同体STEM及创客学习社区，组织各共同体成员校及STEM教师上传资源，开展活动。

②2020年5月上旬：确定共同体研究目标，邀请专家指导开题，明确研究方向和研究路径，做好人员分工，各尽所能。

③2020年5月下旬：分别开展对学生和教师的问卷调查，了解师生对STEM教育的认识和想法，通过数据分析，寻找研究的最佳切入点；发挥STEM教师的聪明才智，针对教师平时授课经验，分组整理不同类型的STEM课堂教学评价应用研究。

每个成员单位每周开展一次研讨活动，并在社区各小组充分讨论，集思广益。每次授课或活动之后，均需进行评价分析，逐步细化评价指标。小组评价不是孤立的，而是相辅相成的，只是研究有所侧重，这样更容易做到精细化。

④2020年6月：通过国家教育资源公共服务平台的教育信息化应用共同体社区开展交流。征集合肥市、四川省成都市等地学校加入共

同体，通过扩充新成员，收集不同地区对STEM课堂教学评价的意见及要求，进一步完善评价体系。在借鉴学习中，开阔视野，搭建交流平台。

⑤2020年7月：组织STEM成员校将社区建设与线下研讨结合起来，根据试验效果不断调整评价指标，整合评价体系，同时探索国家教育资源公共服务平台的教育信息化应用共同体社区的功能及应用策略。

⑥2020年8月：在“专家引领、创新应用、有效融合、科学发展”的方针指导下，邀请专家对STEM教学评价及应用进行论证指导，再根据各成员单位的特点，请成员单位思考总结本单位STEM教学评价应用指南及典型案例。

⑦2020年9月：通过国家社区平台，将STEM教学评价应用交流常态化，总结评价模式和应用模式，邀请专家指导论证，使研究逐步走向成熟。

⑧2020年10月：组织教师通过课堂教学实践对STEM教材的创新性、实用性、科学性进行验证，并不断完善，梳理体系，形成义务教育阶段的STEM课程及评价体系。

⑨2020年11月：开展一次STEM教学评价专题培训，收集各成员单位的STEM教学评价应用模式，整合完善统一为规范的评价量表及评价模式，并制作应用指南。

（3）第三阶段（验收阶段）：2020年12月—2021年4月。

①2020年12月：迎接教育部、中央电化教育馆组织的专家巡回指导。

②2021年1月：与四川省开展联合教研，各成员单位完善本单位成果，总结培育成果突出的典型学校案例。

③2021年2月：社区进行总结，各小组进行总结，开展一次优秀社区实验组展示活动；汇总研究资料，撰写结题报告。

④2021年3月：开展项目交流。各社区继续完善社区，项目组继续

完善成果，扩充新成员，探索形成教育信息化2.0时代研究共同体发展的新模式，争取把合肥STEM教学应用模式实践共同体做成共同体精品。

⑤2021年4月：迎接教育部科技司和中央电化教育馆项目验收。

(4)第四阶段(成果推广阶段)：2021年5月及之后。

①2021年5月：根据验收专家意见继续修改完善，思考推广模式。

②2021年6月：持续宣传、推广成果。

6. 拟开展的社区活动(研究社区名称：合肥市STEM新生态社区)

表3–2　拟开展的社区活动汇总

序号	活动时间	活动内容	活动成果、形式
1	2020年4月	社区创建问卷调查	分析问卷数据，组织线上讨论，了解成员对社区建设、STEM新生态实践研究的意见和建议
2	2020年5月	合肥市教育化信息STEM教学应用模式实践共同体开题，邀请专家对共同体建设进行指导	组织线上开题报告、开题实施方案分享
3	2020年6月	开展STEM课堂教学评价研究活动	每个核心学校至少提供一个评价研究案例，线下研讨，总结材料上传
4	2020年7月	探索STEM课堂教学中发现的问题，修改评价指标，创建研讨活动	每个成员学校至少开展两次活动，线上研讨
5	2020年8月	各校上传本校开展的STEM课堂教学评价活动资源	每个学校至少提供8个资源：线下开展活动，线上上传活动过程资源
6	2020年9月	总结评价模式和应用模式，邀请专家指导论证	线上交流
7	2020年10月	验证教材，完善评价体系	组织课堂教学实践

续　表

序号	活动时间	活动内容	活动成果、形式
8	2020年11月	开展一次STEM教学评价专题培训，征集各校应用模式，制作应用指南	线下研讨，线上分享资料
9	2020年12月	整理研究成果，准备项目验收	线下成果汇报，线上分享
10	2021年1月	继续完善成果，开展优秀社区小组展示活动	总结典型评价应用案例
11	2021年2月	各社区小组教学评价应用经验总结	上传论文或报告
12	2021年3—6月	继续完善社区，打造精品社区，推广优秀成果，做到共同体可持续发展	线上线下互动分享

7.技术路线

可行性分析—组建STEM教育评价实践共同体研究团队—团队分工开展实践教学评价探究—组织共同体成员单位根据本校研究特色形成评价教学模式和典型案例—对外交流，拓宽研究视野—经过专家论证形成正式STEM教学评价典型案例、教学模式及应用研究社区—制作STEM教学评价应用指南—验收，成果应用及逐步推广。

8.共同体考核办法

（1）制定共同体工作考核制度，形成科学的考核量表，半年考核一次，量化打分。

（2）按每个小组在评价体系形成过程中的贡献计分。

9.组织管理和保障措施等

（1）组织架构。

共同体牵头单位是合肥市教育局，秘书处设在瑶海区教体局信息中心，技术处有专业人员负责技术处理，58个成员单位负责研究，专家处有全国权威STEM专家负责理论指导。

（2）基础设施。

目前成员校均建有自己的STEM及创客空间，计划根据项目需求，每年再投入部分资金，逐年推进STEM及创客空间建设，更新STEM及创客实验器材，引进先进技术，最终让成员校都有属于自己的STEM及创客教室，有完善的实验仪器及配套设备。

（3）经费保障。

教育部科技司提供专项经费用于实践共同体研究。

（4）风险分析。

STEM课堂教学评价已经研究了一年，有了一定的基础；有中国教科院、中央电化教育馆等专家的跟踪指导，研究风险较小。

第二节　实践共同体的特点与运行机制

一、实践共同体的特点

2020年4月，中央电化教育馆组织20个共同体开展了线上培训，华南师范大学穆肃教授在题为《教育信息化实践共同体及其发展》的讲座中，对教育信息化共同体问题深入分析、释疑解惑。

（一）信息化教学实践共同体的特点

（1）任务目标清晰，成员为完成一个共同的任务或为解决同一关注问题走在一起。

（2）成员志同道合，有共同的愿景。

（3）异质性，即成员的经验背景不一。

（4）共同体是开放的而非封闭的。

（5）边界相对模糊，打破了原有组织的约束，且可跨边界。

（6）具有再生产的能力，有新知识、新方法、新观点的产生。

（7）是动态的，随时间的变化可以重组。

（二）合肥市教育信息化教学应用模式实践共同体的特点

（1）目标一致。在STEM教育研究过程中，STEM教育评价是一个亟待解决的重要问题，这关系到STEM教育能否规范、持续发展。共同体所有STEM教师达成共识：研究STEM教育评价的指标及评价方法，是我们共同体共同的研究目标。

（2）志同道合。参与共同体的成员单位及STEM教师，都有同一个理念：STEM教育是未来教育的发展方向，也是培养创新人才的摇篮。

所以，为国家培养更多的创新型人才，是我们共同的愿景。

（3）异质性。共同体成员来自不同地区，研究经历及经验各不相同，这种异质性使得共同体研究经验达到互联互通，相得益彰。

（4）开放性。随着时间的推移和研究的深入，成员单位和教师可以加入或退出。我们创建了一个共同体研究群，所有参与研究的教师都要加入研究群。群内教师由最初的58人，发展到现在的275人，成员单位由最初的6个，扩展到现在的58个。这种开放性将更多热爱STEM教育的志同道合的研究者拧成一股绳，形成研究合力。

（5）跨边界。共同体成员单位已经汇聚了合肥市、成都市、上海市共58个学校。每次开展的活动，除了已经加入的成员单位参与外，还有很多外围学校积极参与，如四川除了成都市外，每次都有德阳市、眉山市、资阳市、崇州市等学校参与，模糊的边界，打破了原有组织的约束，辐射面更广。

（6）生产力强。由于组织形式的异质性、开放性、跨边界，更多新思想、新观点、新方法在不断产生。在评价问题上，除了实践共同体共同的研究目标——STEM课堂教学评价，教师们还提出：不同的STEM教学类型可以有不同的评价指标，也可以对STEM课程和STEM环境进行评价，STEM教育评价应该做到过程性评价、结果性评价、增值性评价和综合性评价相结合等。这些新观点已成为我们实践共同体下一阶段要研究的目标和要攻克的难关。

（7）动态性。我们利用线上线下，在合肥、成都、上海等地轮流开展STEM活动。通过这种动态的活动开展形式，在STEM理念不断碰撞中，各地优秀STEM研究经验得到交流，STEM教学水平不断提高，教学模式日益清晰。共同体先后开展了15次研讨活动，在合肥市主办了9次，在四川省主办了5次，在上海市主办了1次，教学实践共同体的优势已经彰显出来。

（8）结构合理。成员单位兼顾农村学校与城市学校、STEM研究先进学校与薄弱学校、本地学校与外地学校等，研究成果具有广泛性与代表性。

（9）去行政化。虽然共同体牵头单位是合肥市教育局，但是组织管理我们做到去行政化。实践共同体主持人不是教育局主要领导，而是由合肥市装备电教中心副主任王益华和瑶海区教体局信息中心副主任光善慧担任。王益华是全国教育信息化课程指导专家，代表合肥市教育局信息化专业水平，有利于项目的开展与指导；光善慧是中国教科院STEM研究中心兼职研究员、2021年国际STEM学术研讨会特约嘉宾，多篇STEM研究论文在CN期刊发表。专业的人做专业的事，让有特长的教师有展示的平台，是共同体的宗旨。去行政化的教学研究模式，能让研究活动更自由活泼，让有梦想的教师潜心研究，不受外力干扰，更容易出成果。去行政化也得到了上级领导的大力支持。

附：合肥市教育信息化STEM教学应用模式实践共同体管理章程

（一）总则

1. 名称

合肥市教育信息化STEM教学应用模式实践共同体。

2. 性质

教育部科技司组织的教育信息化教学应用模式实践共同体，是指在教育行政部门的支持下，围绕某一信息化教学应用模式，将区域、学校等不同成员单位组织起来，共同开展研究和实践，共同推动该模式的发展。本实践共同体的主要研究目标是教育信息化STEM课堂教学评价应用。

3. 宗旨

本着自愿、平等、合作、发展的原则，旨在发挥实践共同体成员单位各自优势，充分利用“互联网+”，打破时间和空间界限,将实践共同体建成STEM教育评价研究联合体。

(二)成员组成、组织机构及领导小组主要职责

1.成员组成

本实践共同体的牵头单位是合肥市教育局,现有成员单位58个,后续还将面向全国不断扩大。

2.组织机构

共同体设立领导小组,领导小组为共同体最高决策机构;领导小组成员由合肥市教育局及共同体成员单位共同组成。领导小组每月召开一次例会,因工作需要可不定期召开会议。

3.领导小组主要职责

(1)制定实践共同体的章程及实践共同体内部的管理制度。

(2)审定实践共同体工作计划。

(3)审批新成员单位加入。

(4)协同主办学校筹备、召开实践共同体工作会议。

(5)组织开展活动。

(6)决定实践共同体其他重大事项。

(三)成员单位的申报

1.成员单位必须具备的条件

(1)学校领导理念先进,大力支持,能做好顶层设计。

(2)本单位已经开展STEM及创客工作两年以上。

(3)有专门负责STEM及创客教育的教师,方便开展工作。

2.申报程序

(1)提交加入实践共同体申报书(附申报证明材料)。

(2)实践共同体领导小组考察审核。

(3)考核通过后即可开展工作。

(四)成员单位的权利与义务

1.成员单位的权利

(1)对实践共同体工作提出批评、建议,行使监督权。

(2)在实践共同体社区相关板块发布本校STEM成果及活动的文字、图片及视频信息。

(3)优先参加实践共同体组织的各种活动。

(4)在章程规定范围内使用实践共同体的各项资源。

(5)成绩突出者有获得实践共同体优先表彰的权利。

(6)共享实践共同体研究成果。

2.成员单位的义务

(1)遵守章程,执行实践共同体决议。

(2)主动承担实践共同体安排的工作,支持和积极参加实践共同体开展的各项活动。

(3)在国家资源平台的“合肥市STEM新生态社区”开设本成员单位社区小组,积极开展社区活动,发布活动信息,宣传实践共同体成果。

(4)围绕实践共同体STEM课堂教学评价的核心主题,积极思考,出谋划策,有所创新,努力在实践共同体目标达成中贡献自己的一份力量。

(五)运行机制

(1)牵头单位是领跑者、协调者、推广者,所有成员单位无隶属关系,每两周一次的实践共同体活动组织者实行成员单位轮值制。按照共同体安排,每个成员校轮流主办共同体活动,主办成员校校长即为这两周的轮值组长。

(2)实践共同体及成员单位均可向媒体推介、宣传实践共同体活动及成员单位,统一维护实践共同体及成员单位的合法权益。

(3)实践共同体成员在日常工作中以实践共同体的名义与其他成员进行共同体工作方案以外的活动,必须符合实践共同体章程的要求,同时需要得到共同体牵头单位的许可。

(4)实践共同体的经费保障以合肥市教育局为主,各成员单位为辅,并出台一定政策保证共同体活动的正常运转。

(六)退出机制

(1)本着诚实、守信、进取、发展的原则,实践共同体成员有权根据自身的意愿退出共同体。

(2)对违反实践共同体章程、损害实践共同体利益的成员,不愿意执行实践共同体工作安排、不能完成实践共同体规定任务的成员,领导小组有权取消其成员资格。

(七)附则

(1)本章程未尽事宜或有关条款的修改,由实践共同体成员提出补充或修改意见,报领导小组工作会议审议通过。

(2)本章程经实践共同体大会会议表决通过后生效。

(3)本章程的解释权属实践共同体领导小组。

二、实践共同体的运行机制

(一)什么是运行机制

1.运行机制的含义

运行机制是引导和制约决策并与人、财、物相关的各项活动的基本准则及相应制度,是决定行为的内外因素及相互关系的总称。各种因素相互联系,相互作用,要保证社会各项工作的目标和任务真正实现,必须建立一套协调、灵活、高效的运行机制。

2.实践共同体的运行机制

实践共同体的运行机制是指实践共同体在开展活动过程中,影响实践共同体各因素的结构、功能、相互关系，以及这些因素产生影响、发挥功能的作用过程、作用原理及运行方式。

（二）合肥市教育信息化STEM教学应用模式实践共同体的运行机制

合肥市教育信息化STEM教学应用模式实践共同体组建以后，对成员单位进行了分工，形成了“一心两点五智库”运行机制。

1.成员单位分工

本项目在关注评价研究的同时，实践共同体的运行机制也是研究的重点。我们根据成员单位的特点和各自优势，对项目组的成员进行分工。

（1）核心研究单位。瑶海区教体局在2016年12月就成立了创客俱乐部，2019年就开始了教学评价方面的研究，有较强的研究队伍，所以秘书处设置在此。瑶海区26个成员校成为实践共同体评价研究的核心成员单位，负责组织协调实践共同体的研究活动。

（2）核心验证单位。成都市、上海市的部分学校STEM研究比较超前，但评价研究前期参与少，缺少评价体系，主要任务是在实践中应用、验证，及时反馈评价指标的问题，便于项目组及时修正，完善评价的实用性。

（3）核心理论组。团队专家组含中国教科院、中央电化教育馆、华东师范大学、北京教育学院等教育研究单位的教授、领导，负责指导培训STEM教师、指导STEM教学，华东师范大学吴永和教授的博士团队负责评价建模，做信度效度测试分析等，保障研究的科学性和合理性。

（4）牵头单位。合肥市教育局作为牵头单位，把此项目作为合肥市教育信息化的亮点工程，重点支持，安排专人负责，为实践共同体研究提供经费保障、组织保障和政策保障，确保研究的顺利进行。

2. 实践共同体"一心两点五智库"协同创新的运行机制

为了保障实践共同体研究的顺利开展，项目组成立了实践共同体研究组织机构，通过了实践共同体管理章程，经过一年多时间的共同研究与磨合，形成了实践共同体"一心两点五智库"协同创新运行机制（图3-1）。

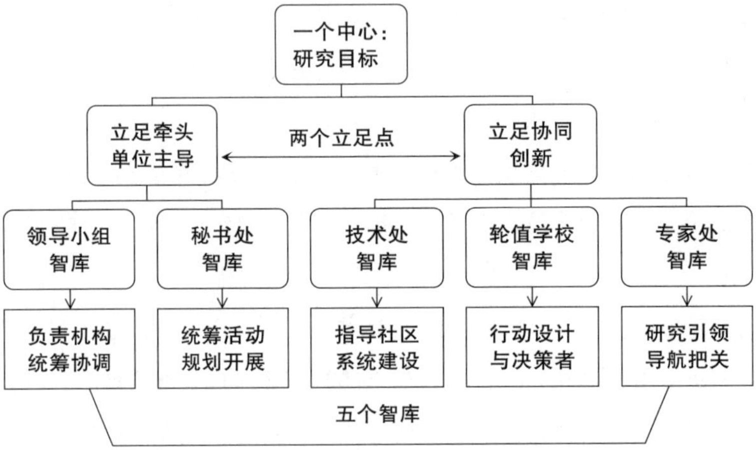

图3-1　实践共同体"一心两点五智库"协同创新运行机制架构

（1）一个中心：围绕一个研究目标，聚焦落实评价体系

实践共同体的研究目标，主要围绕课堂教学评价这一中心。我们在已有评价成果基础上，带领实践共同体学校在评价指标的科学性、准确性和实用性上下功夫。我们保持每月两次研讨活动。每次活动，都邀请全国STEM教育顶级专家对教师进行培训。活动主要围绕两个问题：一是STEM教育要解决什么问题，课堂教学的核心问题是什么，因为只有这个问题搞清楚了，才能使评价围绕STEM研究的核心去做。二是什么样的评价标准是科学的、适合一线STEM教育的，因为只有准确的评价量表，才能成为STEM教育茁壮成长的推进器，否则就容易让STEM教育误入歧途。实践证明，专家的引领拨云见日，教师的实践脚踏实地，在STEM评价研究上我们渐入佳境。

（2）两个立足点：立足牵头单位主导，立足协同创新。

一是立足牵头单位主导。合肥市教育局一直高度重视教育信息化在合肥市的发展。合肥市教育信息化在2018年底获得教育部基础教育司的表彰。2019年11月，合肥市教育局组织STEM先进区域和学校申报了STEM研究实践共同体，充分发挥了号召力、公信力，形成整合力，把在STEM研究上有实力、有想法、有基础的学校组织起来，聚焦评价，共同实践，协同创新，努力构建STEM教育新生态。

二是立足协同创新。在管理章程中我们规定了共同体成员单位的义务：遵守章程，执行共同体决议；主动承担共同体安排的工作，支持和积极参加共同体开展的各项活动；在国家资源平台的"合肥市STEM新生态社区"开设本成员单位社区小组，积极开展社区活动，发布活动信息，宣传共同体成果；围绕共同体STEM评价的核心目标，积极思考，出谋划策，有所创新，努力在共同体目标达成中贡献自己的一份力量。项目组深信，众人拾柴火焰高，集众人之力，才能打造精品STEM评价成果。

（3）五个合作智库：术业有专攻。

一是领导小组智库，负责统筹协调。领导小组智库是项目的领导机构，负责统筹协调项目研究工作。实践共同体可以去行政化，但是也要有组织有纪律，不能如一盘散沙。为了更好地统筹来自不同区域的学校开展STEM活动，我们制定了《合肥市教育信息化STEM教学应用模式实践共同体管理章程》，明确了实践共同体成员享有的权利和必须履行的义务，制作了"合肥市教育信息化STEM教学应用模式实践共同体"公章，实践共同体所有活动的开展经大家讨论后，由组织机构统一发文，这样就将一个个零散的研究单位变成了一个结构严谨的学术研究团队。所有成员校及STEM教师有了归属感，实践共同体也有了更强的凝聚力和向心力。

二是秘书处智库，负责规划落实活动。实践共同体秘书处设在瑶海区教体局信息中心。瑶海区教体局STEM人力资源丰富，有三年的研究历史，先后参加了第二届、第三届全国STEM教育发展大会，并在会上做主题发言，培养并选拔了24名STEM种子教师。自实践共同体成立以来，秘书处联合成都市教育科学研究院（简称“成都市教科院”）成功开展了多次实践共同体研讨活动，主持开展了STEM案例比赛、STEM课例比赛，快速有效推动了STEM课堂教学评价研究的进程，实践共同体STEM教师队伍成长迅速。

三是技术处智库，负责解决技术难题。STEM教育研究项目要解决的技术问题很多，实践共同体社区建设、STEM教育各类先进技术的学习、STEM课堂教学评价工具的研制等问题都需要过硬的技术。只要开始研究，技术问题就随之而来。我们坚持两条腿走路：一是依靠实践共同体内部技术过硬的STEM教师作为技术骨干，很好地解决了STEM研究及社区建设的技术问题。目前合肥市STEM新生态社区成员总数为188人、社区小组30个，已达到网站社区小组创建上限。由于平台的数量限制，我们实行“社区手拉手制度”，即每个社区两个学校，实行城市与乡村、本地与外地、先进与一般手拉手制度。这样每个社区又形成了一个小研究共同体，也为他们将来能实现异地交流搭建了平台。二是加强培训与协作，解决研究过程中技术学习障碍。我们将产学研结合，在STEM评价研究、教材开发、技术应用、教师培训、平台研发等方面，积极组合多方资源，协同创新，不断突破，取得一定的成效。

四是轮值学校智库，负责拓展学校智慧。实践共同体成立后，研究团队在不断扩大。STEM教育的共同话题、共同认知、共同愿景，将不同区域、不同地点的学校结合在一起。在实践共同体中，STEM研究经验丰富者与薄弱者兼有，城市与农村兼有，但是每个学校都各有特色，各有专长，如何将这些学校的积极性调动起来，将它们的特色展示出来，带动大家一起研究，这是我们要思考和解决的问题。因此，我们实行轮值制，所有学校都是平等的共同体成员。每个校长都是轮值主席，需要承担研究任务，他们成为共同体最终的行动者与决策者。这样成员校彼此互动，共同实践，每个学校都有机会展示自己的亮点。大家在STEM研究道路上彼此手拉手，同荣辱、共进退，极大鼓舞了成员校参与的积极性，在协调创新中形成了良好的实践共同体运行机制。

五是专家处智库，负责为评价保驾护航。学术研究是严肃的，科学性至关重要。对实践共同体的发展来说，专家处智库决定着实践共同体研究的方向和质量，它具有研究引领、导航把关的作用。中国教科院STEM教育研究中心主任王素、副主任罗夫运，华东师范大学教授吴永和，北京教育学院创客教育研究中心主任于晓雅，中央电化教育馆原馆长王珠珠五位专家组成实践共同体的专家智库。教育主管部门与大学教授结合，既有助于把握国家政策导向，又能较好地引导理论方向。几位专家学术水平高，指导专业，对于发现的问题，都会及时与我们研究人员沟通，令人敬佩。

一个中心，两个立足点，五个智库，把STEM教师、专家、学校拧成一股绳，大家紧紧围绕研究目标，积极建言献策，为STEM课堂教学评价标准的成功研究奠定了坚实的基础。

第三节　实践共同体的要素与研究过程

一、实践共同体的要素

(一)实践共同体的核心三要素

华南师范大学穆肃教授指出,实践共同体的核心三要素包括:在某个研究领域有共同兴趣;共同实践和共享技艺;共同的活动场所,互相学习,承担责任。那么,如何确定共同兴趣、共同行动、共同场所这三个要素呢?

1.共同兴趣

只有确定研究目标,研究愿景是一致的,才能说明有共同的兴趣。

2.共同行动

实践共同体如何开展活动?要组织哪些活动?教学实践怎么进行?这些都是实践共同体要统一协调的,只有行动一致,共同体才能运作流畅。

3.共同场所

来自不同区域、不同层面的实践共同体成员单位,在哪里活动?如何建构持续活动的场所?网络平台如何应用?这是必须解决的问题,我们在具体安排时就要有灵活性。本地成员单位,活动场所可以由主持单位安排;外地成员单位,可以通过线上的方式参与研讨。线上线下结合,活动场所灵活便利,就能将每次活动开展得有条不紊。

(二)教育信息化教学应用实践共同体的三要素

教育信息化教学应用实践共同体在教学实践过程中,要注意以下三个要素。

1. 相互介入

相互介入就是指共同体中成员的关系是相互介入的关系,成员之间进行密切的相互交往。

2. 共同事业

实践共同体事业是经过共同协商的,是成员在实践参与的过程中逐渐确定并发展起来的,是相互介入之源。

3. 共享技艺

共享技艺是指共享一套资源,包括惯例、用语、工具、形式、方式、经历、态度、行为、概念等。共享的技艺库反映了相互介入的历史,承载了共同体的实践,也要在未来的实践活动中反复使用。

二、实践共同体的研究过程

2019年11月—2020年2月,我们完成了合肥市教育信息化教学应用模式实践共同体申报方案,邀请专家进行了可行性分析,并按计划、分步骤开展了研究组全员培训。

2020年3月项目立项以后,我们成立了项目组,启动了研究工作。4月,依托国家数字教育资源公共服务平台,创建了合肥市STEM共同体学习社区"合肥市STEM新生态社区",组织各共同体成员校及STEM教师在社区创建学习小组,上传资源,开展活动。5月15日,举行共同体开题活动。5月—12月,依据开题活动方案及要求,组织三地教师轮流主持开展STEM教学及评价开发验证研究工作。共同体根据计划安排,有序落实,目前已完成研究任务,初步形成研究成果。

共同体的实践过程,充分体现了相互介入、共同事业、共享技艺的实践三要素,扎实推进项目的落实。

(一)鼓舞士气:实践共同体项目线上开题

2020年5月15日上午,2019年度全国教育信息化教学应用实践共同体项目"合肥市教育信息化STEM教学应用模式实践共同体"开题报告会在瑶海区教体局召开。本次会议采用线上线下相结合的形式进行,相关领导和项目主持人参加现场会,合肥市实践共同体12个成员单位在线参加,全国19个教学实践共同体单位线上观摩。共同体项目主持人之一光善慧作开题报告。一名区域代表、一名学校代表分别介绍了本单位实践共同体小组实施方案。三位教育专家分别从"广度、深度、厚度、宽度"四个方面介绍项目研究的具体操作方法和研究策略。

中央电化教育馆研究部主任黄天元做重要讲话,他强调:本项目重点围绕"实践共同体认识、管理机制及运行机制"三个方面重点打造合肥市STEM新生态社区,引进多方力量,跨区域发展,引领更多的单位参与进来,让成果惠及更多的学校、更多的区域,形成实践共同体的长效管理机制,使实践共同体的引领辐射作用达到最大化。

中央电化教育馆为广大STEM教育者搭建了这样一个研究平台,教师们非常珍惜,一致认为:通过项目落实,一定要做到目标明确,扎实推进;统筹协调,形成机制;应用驱动,多学科融合;科学实施,形成文化。

(二)落实方案:共同体召开主题培训(合肥站)

2020年6月5日,合肥市教育信息化STEM教学应用模式实践共同体召开专题培训会,此次活动由轮值主席单位合肥市大店小学举办。培训活动采用线上线下相结合的形式进行。

大会通过现场举手表决,全票通过了《合肥市教育信息化STEM教学应用模式实践共同体组织机构名单》和《合肥市教育信息化STEM教学应用模式实践共同体管理章程》。

会上，光善慧做了题为《如何在STEM评价的实践研究中放飞梦想》的讲座，共同体社区负责人作了《STEM教学评价小组年度研究计划及社区建设》的讲座。通过讲座，两位老师把STEM课堂教学评价研究任务进行了详细分解，让每个成员单位在实施STEM课堂教学评价研究上有了明确的方向和任务，为保障实践共同体项目研究顺利推进打下坚实的基础。

在线专家作了题为《学校如何做好STEM研究》的讲座，详细解读了STEM教育的概念，并阐述了STEM教育和创客教育之间的区别与联系，分享了STEM课程开发和研究的经验。

合肥市电教装备中心副主任王益华最后表示，希望教师们一如既往地坚持共同的信念和目标，通过成员单位的共同研究和实践，推动STEM教育新生态的共同发展。

（三）摸索机制：共同体三市三地联合教研（四川站）

2020年7月2日，合肥市STEM应用模式评价实践共同体与四川省成都市教科院联合召开线上“STEM课堂教学评价实践专题培训研讨活动”，旨在通过联合教研，逐步摸索共同体研究的运行机制。

成都市教科院领导主持本次活动。STEM教学评价实践共同体所有参研单位，包括合肥市、成都市、上海市共58所学校300多名STEM教师参加了此次活动。本次活动邀请了中国教科院STEM教育研究中心副主任罗夫运作为指导专家。

光善慧做了题为《如何聚焦STEM课堂教学评价》的讲座。讲座对STEM的定义、发展历程、课堂教学模式、评价指标等方面做了全面介绍；对STEM教育目标、方法论特征及课堂教学评价进行详细解读；就STEM教学评价实践共同体的研究内容、成员责任、量表反馈等要素做了现状分析及未来展望。

四川北大成都附属实验学校教师作了《如果光影会说话》的课例分享。成都市新桥小学教师带来精彩课例《行走的皮影戏》,令参会教师大开眼界,课程高度体现了STEM教育理念。课堂上,学生设计并小组合作完成作品,美术、语文、数学等多学科融合创新,激发了学生无限的创作潜能。随后,全体参会教师利用评价量表对本节课进行现场评价。

罗夫运对课例给予了高度评价,并指出STEM课程重点要落在课程设置上,要有合理的教学设计和适当的评价体系,才能在课堂上彰显STEM教育理念,给学生带来更多空间,给教育带来更多惊喜。

本次活动中,课堂展示精彩,主讲人培训深入,专家点评精准,共同体让各成员单位借助平台互相学习、积极展示,实现实践共同体内部交流和分享,获得共同价值。

(四)共同进步:实践共同体开展优秀STEM教育经验分享(上海站)

2020年7月9日,实践共同体在上海市实验学校开展优秀STEM教育经验分享活动,实践共同体58所学校STEM教师线上参加活动。

上海市实验学校副校长、科研室主任分别介绍了学校整体发展情况和"Follow me"STEM系列课程,向我们展示了体现STEM理念与核心特征的课程整体架构。

上海市实验学校科学教师邢蓉用说课的形式展示了课例《鲁滨孙的小屋》,别出心裁的课程名称、指向真实生活的问题情境、渗透了工程设计的6E教学法……都给教师们留下了深刻印象。授课结束,全体参会者又利用评价量表进行了现场评价,并在会后将评价中感觉有问题的量规进行了反馈。

中国教科院STEM教育研究中心主任王素做了STEM培训专题讲座。王素高屋建瓴地指出,STEM教师先要弄清楚"人是怎么学习的""什么样的学习是有效的”“学生是否有自主学习能力”“教师的课堂角色”和“项目式学习设计的侧重点”等几个方面的问题,才能抓住STEM课堂的方向;随后又通过生动的微视频课例,为大家解开了关于STEM教育的很多谜团,同时号召STEM教师共同探讨,共建STEM教育新生态。

(五)专家引领:共同体专家论证会顺利召开(合肥瑶海站)

2020年7月30日,共同体在线召开了“STEM教育课堂教学评价”专家论证专题会。本次会议邀请的论证专家有中央电化教育馆原馆长王珠珠、中国教科院STEM教育研究中心主任王素、华东师范大学教授吴永和、北京教育学院创客教育研究中心主任于晓雅。共同体首批核心参研单位STEM骨干教师参加了会议。

光善慧做了题为《STEM教学评价标准解析》的专题,详细阐述了STEM教学评价三级指标框架建构及研究思路、研究目标、评价指标解读等重要研究成果。

王素、吴永和、于晓雅分别对《STEM教学评价标准》进行了细致入微的分析指导,特别是对《STEM教学评价标准》的三级指标进行了点对点的指导分析,为形成质量高、覆盖范围广、可操作的STEM教学评价标准奠定坚实的基础。王珠珠对STEM教学评价实践共同体的研究项目给予了充分肯定,同时提出,STEM教学评价实践共同体团队在不断的实践研究中,把研究成果不断优化,最终形成最优化的研究成果,为后期成果推广活动筑牢保障。

实践共同体充分发挥专家处智库的指导引领作用,为STEM课堂教学评价的科学性、实用性和准确性保驾护航。

(六)现场验证:影响进一步扩大

2020年9月—10月,是共同体学校社区建设的关键点。我们把58个学校两两结对式,在国家教育资源公共服务平台建设了30个社区,结对学校通过授课、网络互相交流，逐步把社区建设起来。

2020年11月5日上午，由成都市教科院主办的“STEM理念下的定格动画暨基于智慧观课系统的智慧教研活动”在成都师范银都紫藤小学举行。成都市教科院相关教研员，成都市各级教科院（教研室、教培中心、教师进修校）及各直属学校教育信息化负责人，STEM教育或创客教育教师代表，及德阳市、眉山市、资阳市相关教研员、教师代表等100余人参加了线下活动。合肥市、上海市、成都市、德阳市、眉山市和资阳市其他相关教师通过网络直播的方式观看了本次教研活动。本次教研活动非常隆重，既是2020年成都市高中教师秋季培训课程，又归属于“基于教学改革、融合信息技术的新型教与学模式”研讨系列，也归属于四川省级课题“STEM课程培养中小学生创造力的实践研究”研讨系列，还是“合肥—成都STEM教学应用模式实践共同体专题培训”。活动聚焦STEM教育，基于成都、合肥课题研究成果和信息技术、平台而进行的教与学模式、观课议课教研模式变革，是对成都市国家级信息化教学实验区建设的一次积极响应与探索。实践共同体参与人员广泛，活动影响进一步扩大。

成都师范银都紫藤小学校长做了题为《智慧与数据共生》的报告，着重对成都师范银都紫藤小学的智慧观课系统进行了介绍。成都师范银都紫藤小学教师展示了六年级STEM课例《梦境之蛇》。本节课采用项目式学习的方式，创作了一部定格动画影片。学生综合运用美术、信息技术、语文、音乐等不同学科的知识，创新解决问题。学生通过反复迭代优化，最终创作出令人赞叹的小视频和一个精彩的充满想象力的影片，赢得观众的热烈掌声。随后，参会教师现场通过平台对本堂课进行了评价。现场生成的评价数据成为教师们点评本节课的依据，令参会教师充分体会到技术支持与数据实证的魅力。

合肥市瑶海区教体局信息中心的副主任光善慧在线上对授课教师的课堂评价分析结果进行了远程反馈及活动点评。本次教研活动可以用一个“新”字来概括，即理念新、设备新、体验新、视觉新、创意新。在STEM课堂中，教师的角色是引导者、参与者和倡导者，而学生的角色是发现者、创造者和自觉学习者。整个活动非常成功。

本次教研活动中，研究课反复打磨，教研内容丰富多彩，教学理念及教研模式新颖，深深吸引了线上线下参与的教师，他们积极要求看回放，再消化吸收。教研活动从早晨九点一直持续到中午一点，教师们的教研热情与好学精神令人感动。

（七）深入探讨：探索STEM教学评价的核心

2020年11月10日，共同体教学研讨活动在合肥市蚌埠路第五小学举行。共同体进一步推进研究，开始探索STEM教学评价的核心内容。

合肥市蚌埠路第五小学校长介绍了本校STEM教育研究典型案例，她分别从学校前期的成果、STEM课程建设、下一步发展的方向三个方面进行了翔实汇报。蚌埠路第五小学科研室副主任沈昕分享了二年级区本教材STEM课例《我们的校园植物》，展示了课例视频。参与本次活动的教师听完课后，通过系统对本节课进行评价。中国教科院STEM教育2029行动计划推进办公室副主任、中国国际STEM教育联盟副秘书长吕峰作了题为《中小学基于STEM开展创新教育的实践探究》的讲座，通过讲解STEM教育2029行动计划的目标、内容、预期成果等为共同体指明了前进的新方向。在评课议课环节，成都、上海、合肥的教师都参与了评课。成都市教科院信息资源数据中心主任、实践共同体副秘书长陕昌群的点评给教师们留下了深刻印象。她首先肯定了沈老师扎实的STEM学科素养，并由点到面层层剖析本课，既有理论分析，又有课程升华，通过分享四川教师的相关案例，给STEM一线教师提供了宝贵的建议。本次研讨与交流让我们认识到：一是不同地区成员校的组织工作虽然艰巨，但是成员们齐心协力，进展就会很顺利；二是建设好STEM教育评价体系，有利于建设优质STEM教育资源库；三是实践共同体活动能更好地为成员校指明方向。

(八)专家指导:项目巡回指导工作

2020年12月18日下午,教育部教育信息化教学应用实践共同体项目巡回指导工作会议在合肥市郎溪路小学召开。

活动采取线上线下结合的形式,方便项目组远程区域(成都、上海)实践共同体学校实时观摩,实现"异地共享资源,区域共同研修"的目标。参加本次现场活动的人员有:中央电化教育馆研究部副研究员蒋宇、华南师范大学教授穆肃、杭州师范大学教授章苏静、湖北省电教馆教育信息化发展中心副主任宗敏,以及省市相关部门领导和项目负责人。

专家组一行参观了STEM实践共同体各校成果展板及郎溪路小学的STEM实验室、数字化图书馆等特色场馆,听取了实践共同体阶段性成果汇报,对实践共同体的成果应用模式、运行机制、实施措施、研究成果及下一步工作展望有了初步的了解。在专家答疑指导环节中,四位专家分别从不同角度对STEM教学评价进行梳理和提炼,指出实践共同体成员要做好STEM教学评价量表,及时厘清STEM教学评价工作,做好转型发展,起到示范、引领作用。

(九)树立典型:实践共同体优秀典型案例学校展示

2021年1月11日,成都市同辉(国际)学校开展"STEM教学应用模式实践共同体研讨观摩活动"。本次活动形式为网上直播观摩,线上交流研讨。实践共同体的教师通过线上直播间观看。

STEM教育是现代教育未来的发展趋势,符合未来人才的教育需求,是学校发展、学生和教师成长的崭新平台。成都市同辉(国际)学校利用STEM教育理念统筹学校课程,以培养"全面发展的人"为核心,通过STEM教育整合学科资源,形成以关注真实世界、解决现实问题的育人路线，全面提高学生的创新能力。作为共同体优秀典型案例学校，教师积极参与共同体活动，开展跨学科的多元学习和项目式学习，通过评价体系的建立，构建基于STEM教育融合的课程体系，并将其渗透到学科教学中，帮助学生提升解决实际问题的综合能力。STEM教育的实施，极大促进了学校教育机制、教育结构、教育要素的全面优化，让课程体系更加系统，课堂教学更加创新；也得到家长认可，社会反响良好；更能培养学生学习、生活、创新的思维能力，实现跨学科整合的教学效果，全面提升学生综合素养。

同辉（国际）学校STEM课题组的两位教师分别在主会场学术厅和分会场AI智能室带来两堂精彩的STEM教学课例。两堂课充分展现了STEM教育理念下新型课堂发生的改变，师生在不断探究、试错、更新、调整的学习过程中发现问题并解决问题，朝着共同的目标，参与项目式学习，在合作交流、创新发展、批判质疑中共同成长、共同进步。学生们敢于挑战，不惧挫折，收获成功，分享喜悦，体现了STEM课程的学习效果。参与教师在线上对两节课进行了评价。

与会的两位专家依据评价数据，为展示的STEM教学课例进行深度点评。两节STEM教学课例设计新颖、创造力强、知识架构合理，充分体现了教师较高的STEM素养和教学能力、STEM教育的育人目标和育人价值，以及学科融合与跨学科教学的理念。课堂中，各小组分工明确、配合默契、乐于分享、敢于思考、善于质疑、善于探究，极好地培养了发现问题、分析问题、解决问题的能力。学生作品的迭代升级也体现了学生思维的进步与成长，以及努力求真的科学态度。专家们还指出两节课的短板，并提出了很多可行性建议，让授课教师受益匪浅。

（十）深度学习：名师汇集探讨，跨越学科深度学习

2021年3月25日，实践共同体在四川崇州市崇庆中学附属初中与成都市教科院联合开展了“STEM理念下的非遗文化传承教学研讨培训

活动”。参加会议的有成都市各区(县)及各直属学校教育信息化负责人,STEM教育或创客教育、综合实践教育、劳动教育、美术教育的教师代表,德阳市、眉山市、资阳市的教育同仁,省级课题“STEM课程培养中小学生创造力的实践研究”参研教师等180余人。

崇庆中学附属初中校长做了题为《传承非遗竹编文化构建学校特色课程》的分享。STEM教学课例《竹子变形记》是本次培训会的核心。该课例课堂容量极大,综合了多个学科。光善慧对本堂课进行了在线点评:崇庆中学附属初中学生“会玩”“有品味”。本课传承竹编非遗,设计了多个步骤,涉及多个学科,完全符合STEM课程理念。课堂的主体是学生,市场调研、设计制作、推广销售都体现了创新意识和国际视野。

会议的第二大亮点是中国教科院曹培杰博士的专家培训讲座——《STEM教育的实践方略》。曹博士把STEM教育的实践方略融入一个个生动的故事当中,让大家非常容易接受。讲座中,曹博士表示,《竹子变形记》水平已经很高,但还要完善细节,在深度探讨崇州本土文化时可以融会贯通各学科的知识与技能,让更多学科参与进来。

(十一)评价应用:STEM课堂教学评价在STEM活动中的应用

STEM教学评价日臻成熟,先进的技术评价工具——STEM课堂教学评价开始在STEM教育各类活动中发挥作用。

(1)课堂教学评价:课堂教学是衡量教师STEM素养和学生STEM学习水平的一把尺子,教师平时授课、共同体开展公开课,可通过评价系统,及时分析、及时反馈。

(2)STEM教学应用案例展示:2020年12月,共同体开展了STEM教学应用案例征集活动,评审专家依据教师评价量表对收到的STEM教学应用案例评价打分,选出36篇优秀案例进行展示。

(3)STEM种子教师选拔:2021年3月,瑶海区第二批STEM种子教师选拔时，参评教师提供教学案例及素材，评审专家根据评价成绩，推荐出13位优秀的STEM种子教师。

(4)STEM教学课例展示：2021年3月，共同体开展了STEM教学课例征集活动，评审专家依据评价标准对收到的STEM教学课例评价打分，最终38节教学课例获得展示表彰。

(十二)鼓励先进：教学评价应用指南培训及优秀STEM教师表彰

2021年4月21日，实践共同体在合肥市马岗幼儿园展开研讨活动，活动通过线下展示、线上直播的形式进行。

项目组首先参观了马岗幼儿园，对遍布园区每个角落的STEM创意空间赞叹不已。STEM教育模式首次辐射到幼儿教育中，是一种全新的创新教育探索模式，这也体现了创新教育从娃娃抓起的教育理念。项目组相信，通过实践共同体全体成员深入研究，不断探索，必能研究出STEM幼儿教育模式，让STEM教育模式覆盖到幼儿、小学生、中学生等群体中，使STEM教育成效达到最大化。

合肥市明皇家园幼儿园两位教师展示的优秀STEM教学课例《“秤”心如意》让在场的教师耳目一新。双师课堂，重在引导，由幼儿园小朋友通过体检时发现的问题，引发思考，通过小朋友自己动手制作“天平”，解答自己心中的疑问，懂得了平衡原理，充分体现了“做中学”的教育理论，达到培养幼儿创新思维和创新能力的目标。专家点评环节中，大家一致认为，STEM在幼儿教育中的应用，是STEM教育研究活动的一次突破、一项创举。幼儿园的孩子们活泼聪明，乐于沟通合作、积极分享交流，这正是STEM教育真正的价值表现。这节课很好地展现了STEM教育理念在幼儿教育中的有效融合，也很好地体现出教师为辅、学生为主的课堂教学方式。孩子们在活动中对设计作品描述得非常有条理，思路清晰，可见STEM教育理念对幼儿教学活动也是非常适用的。

下半场，我们举行了隆重的颁奖仪式，分别对共同体开展的STEM教学课例比赛、STEM教学应用案例比赛获奖者和瑶海区STEM种子教师颁发荣誉证书，这也是对一年来共同体STEM教师研究成果和辛勤付出的总结与表彰。

在培训环节，光善慧做了题为《坚持评价应用促进STEM成长》的主题培训，分别从评价研究的意义、科学论证过程、专家引领路径、评价应用指南、社区建设等方面进行总结，强调了STEM教育评价的价值和应用的重要性。

随着STEM实践共同体项目研究的深入，实践共同体研究成果引领辐射的作用越来越明显，在STEM实践共同体项目带领下，一大批STEM种子教师快速成长起来，在探索STEM教学活动中专业水平得到很好提升。实践共同体全体成员应继续团结协作、交流互动，推动STEM教育发展走向新的高度。实践共同体“一心两点五智库”协同创新运行机制初见成效，培养了一批STEM研究骨干教师，有效促进了三地学校STEM教育的共同成长。

（十三）目标达成：共同体项目顺利验收

2021年4月27日上午，2019年教育信息化教学应用模式实践共同体项目验收专题会在合肥八中顺利举行。会前，来自中央电化教育馆的专家组一行参观了合肥市第八中学STEM教育中心，高度评价了学校STEM教育氛围及所取得的优异成绩。

会上，在成果汇报环节，项目组从“教学应用模式实践共同体组织架构”“教学应用模式实践共同体运行机制”“共同体社区建设卓有成效”“STEM教学应用模式实践共同体的发展与推广”四个方面分享了《共同体运行机制及社区成果汇报》。光善慧在《中小学STEM课堂教学评价体系应用指南》中详细介绍了评价量表的研究方案、研究建模、维度解读、效度测试、应用指南的构建以及评价应用实践和收获。

在专家答疑指导环节，几位专家在充分肯定了实践共同体一年来所取得的巨大成果的同时，分别从不同角度给出了指导性建议：实践共同体成员需进一步做好协同合作，深度思考、优化评价量表；强化社区作用，完善课程资源，做好社区和实践共同体研究可持续发展的工作；进一步扩大实践共同体评价应用范围。

专家表示，此次合肥市教育信息化STEM教学应用模式实践共同体项目不仅代表了合肥市在STEM教育中的研究成效，更是中央电化教育馆对STEM实践的研究成果，希望实践共同体在接下来的工作中：一是按照专家意见修改好验收报告；二是项目验收后，研究要继续，进一步优化研究模式；三是安徽省电教馆要做好推广工作。

合肥市教育信息化STEM教学应用模式实践共同体项目自开题以来，成立了实践共同体联盟组织机构，制定了实践共同体管理章程，形成了实践共同体"一心两点五智库"协同创新运行机制，把STEM教师、专家、学校拧成一股绳，大家紧紧围绕STEM课堂教学评价标准这个研究目标，积极建言献策，多次开展线上线下教学评价及研讨活动，实践共同体STEM教师成长迅速。实践共同体还先后组织专家组开展了评价建模、评价的信度、效度测试等一系列论证工作，使得STEM课堂教学评价体系始终建立在科学研究的基础上，为评价的应用落实打下坚实的基础。教育部、中央电化教育馆为教师搭建了平台并进行专业指导，有了国家层面的顶层设计，STEM教育一定会在中国人才培养领域大放异彩。

第四节　实践共同体研究的应用成果

在STEM课程设计中，要使每个学生的STEM素养得到提高，贯穿于整个STEM课堂实施的一个决定性因素，就是教学评价。教学评价是对教育活动满足社会与个体需要的程度做出判断的活动，是对教育活动现实的（已经取得）或潜在的（还未取得，但有可能取得）价值做出的判断，以期达到教育价值增值的过程。在技术与设计类课程中，这种增值过程的体现将对教师和学生的发展造成深远的影响。

一、STEM课堂教学教师和学生评价指标体系与模型构建

（一）STEM课堂教学教师和学生评价指标体系构建方案

STEM课堂教学教师和学生评价指标体系构建方案，如图3-2所示。

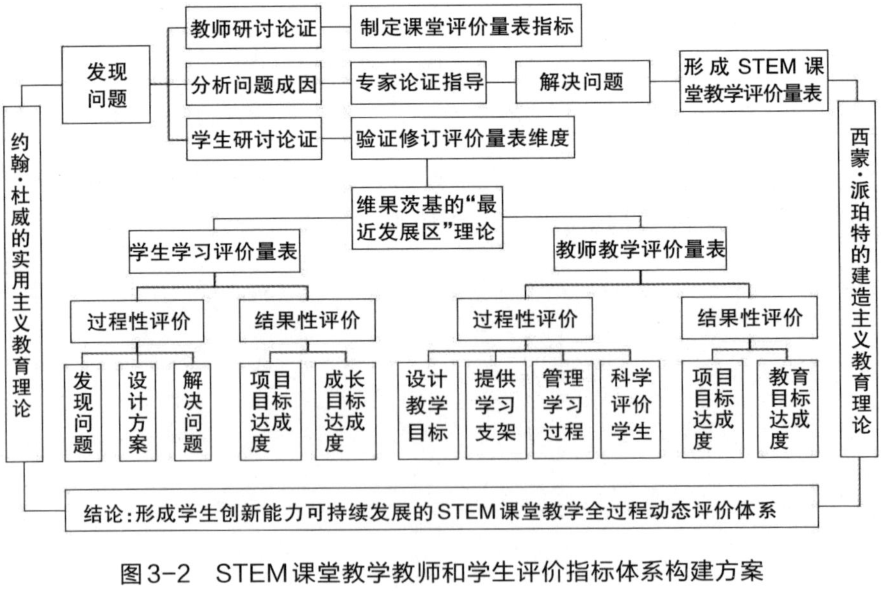

图3-2　STEM课堂教学教师和学生评价指标体系构建方案

结合实用主义教育理论、建造主义教育理论和“最近发展区”理论等教育学理论、学习科学理论，以问题为驱动，以STEM课堂教学教师和学生评价指标体系构建为导向，通过发现、分析和解决STEM课堂教学中教师“教”和学生“学”存在的问题，着力于构建STEM课堂教学教师和学生评价指标体系。

首先，通过梳理、研究文献和对学生、教师进行访谈调研，初步形成STEM课堂教学教师和学生评价指标体系。其次，邀请专家对指标体系进行指导与修订，并通过课堂教学测试验证，最终形成STEM课堂教学教师和学生评价指标体系。最后，通过德尔菲法邀请10位专家对STEM课堂教学教师和学生评价指标体系进行权重打分，运用层次分析法计算出各评价指标的权重，形成STEM课堂教学教师和学生评价计算方法，构建出完整的STEM课堂教学教师和学生评价指标体系与模型。

（二）STEM课堂教师教学评价模型

STEM课堂教师教学评价模型包含过程性评价和结果性评价，有2个一级模块、6个二级模块、15个三级模块，利用层次分析法有效分析各模块的权重。根据本研究结构模型构造判断矩阵形成专家调查表，专家调查表共有10位专家为各级模块权重赋分。借助于Yaahp软件对数据进行综合处理，得到专家综合判断矩阵。判断矩阵一致性检验结果分析显示，STEM课堂教师教学评价量表$CR=0.09<0.1$，表示通过一致性检验。所得到的STEM课堂教师教学评价量表如表3-3所示。其中：TE代表课堂教师教学评价，W_i代表一级模块权重，W_{ij}代表二级模块权重，W_{ijk}代表三级模块权重，M_i代表一级模块量化得分，M_{ij}代表二级模块量化得分，M_{ijk}代表三级模块量化得分。

表 3–3　STEM课堂教师教学评价(TE)量表

一级模块(M_i)	权重(W_i)	二级模块(M_{ij})	权重(W_{ij})	三级模块(M_{ijk})	权重(W_{ijk})
过程性评价(M_1)	72.99%(W_1)	设计教学目标(M_{11})	34.59%(W_{11})	明晰性(M_{111})	17.295%(W_{111})
				适切性(M_{112})	17.295%(W_{112})
		提供学习支架(M_{12})	29.95%(W_{12})	情境设计支架(M_{121})	6.98%(W_{121})
				问题设计支架(M_{122})	16.84%(W_{122})
				资源工具支架(M_{123})	4.17%(W_{123})
				答疑支持支架(M_{124})	1.96%(W_{124})
		管理学习过程(M_{13})	3.61%(W_{13})	组织有序性(M_{131})	1.2%(W_{131})
				时间可控性(M_{132})	2.41%(W_{132})
		科学评价学生(M_{14})	4.84%(W_{14})	全体性(M_{141})	0.96%(W_{141})
				全面性(M_{142})	1.51%(W_{142})
				客观性(M_{143})	2.37%(W_{143})
结果性评价(M_2)	27.01%(W_2)	项目目标达成度(M_{21})	12.98%(W_{21})	科学原理达成(M_{211})	4.33%(W_{211})
				任务完成达成(M_{212})	8.65%(W_{212})
		教育目标达成度(M_{22})	14.03%(W_{22})	能力目标达成(M_{221})	9.35%(W_{221})
				成长目标达成(M_{222})	4.68%(W_{222})

STEM课堂教师教学的整体状况(TE)为各三级模块与权重乘积之和，可以用如下公式表示：

$$TE=\sum_i^n\sum_j^m\sum_k^o(W_{ijk}\times M_{ijk})$$

其中$i,j,k\in\mathbf{N};n,m,o\in\mathbf{N}$。

也可以从一级模块和二级模块考虑，一级模块TE_1、二级模块TE_2的计算公式分别为：

$$TE_1(W,M)=\sum_i^n(W_i\times M_i)，其中\ i\in\mathbf{N};n\in\mathbf{N}$$

本模型中，TE_1=72.99%×过程性评价+27.01%×结果性评价。

$$TE_2(W,M)=\sum_i^n\sum_j^m(W_{ij}\times M_{ij})$$

其中$i,j\in\mathbf{N};n,m\in\mathbf{N}$。本模型中，过程性评价$M_1=M_{11}\times W_{11}+M_{12}\times W_{12}+M_{13}\times W_{13}+M_{14}\times W_{14}$=设计教学目标×34.59%+提供学习支架×29.95%+管理学习过程×3.61%+科学评价学生×4.84%。结果性评价$M_2=M_{21}\times W_{21}+M_{22}\times W_{22}$=项目目标达成度×12.98%+教育目标达成度×14.03%。

（三）STEM课堂学生学习评价模型

STEM课堂学生评价模型包含过程性评价和结果性评价，有2个一级模块、5个二级模块、14个三级模块，利用层次分析法有效分析各模块的权重。根据本研究结构模型构造判断矩阵形成专家调查表，专家调查表共有10位专家为各级模块权重赋分。借助于Yaahp软件对数据结果进行综合处理，得到专家综合判断矩阵。判断矩阵一致性检验分析显示，STEM课堂学生学习评价量表$CR=0.0542<0.1$，表示通过一致性检验。所得到的STEM课堂学生学习评价量表如表3-4所示。其中：SE代表课堂学生学习评价，W_i代表一级模块权重，W_{ij}代表二级模块权重，W_{ijk}代表三级模块权重，M_i代表一级模块量化得分，M_{ij}代表二级模块量化得分，M_{ijk}代表三级模块量化得分。

表 3–4　STEM课堂学生学习评价(SE)量表

一级模块(M_i)	权重(W_i)	二级模块(M_{ij})	权重(W_{ij})	三级模块(M_{ijk})	权重(W_{ijk})
过程性评价(M_1)	72.25%(W_1)	发现问题(M_{11})	39.25%(W_{11})	真实性(M_{111})	23.55%(W_{111})
				价值性(M_{112})	7.85%(W_{112})
				伦理性(M_{113})	7.85%(W_{113})
		设计方案(M_{12})	9.92%(W_{12})	流程设计创新(M_{121})	1.63%(W_{121})
				资源应用创新(M_{122})	5.34%(W_{122})
				工具应用创新(M_{123})	2.95%(W_{123})
		解决问题(M_{13})	23.08%(W_{13})	实施反馈(M_{131})	7.69%(W_{131})
				合作分享(M_{132})	15.39%(W_{132})
结果性评价(M_2)	27.75%(W_2)	项目目标达成度(M_{21})	13.87%(W_{21})	达成度(M_{211})	7.48%(W_{211})
				时效度(M_{212})	4.12%(W_{212})
				能耗度(M_{213})	2.27%(W_{213})
		成长目标达成度(M_{22})	13.88%(W_{22})	综合素养(M_{221})	6.81%(W_{221})
				心理品质(M_{222})	2.74%(W_{222})
				学习满意度(M_{223})	4.33%(W_{223})

STEM课堂学生学习的整体状况(SE)为各三级模块与权重乘积之和,可以用如下公式表示:

$$SE=\sum_i^n\sum_j^m\sum_k^o\left(W_{ijk}\times M_{ijk}\right)$$

其中$i,j,k\in\mathbf{N}$;$n,m,o\in\mathbf{N}$。也可以从一级模块和二级模块考虑,一级模块SE_1、二级模块SE_2的计算公式分别为:

$$SE_1(W,M)=\sum_i^n(W_i \times M_i),$$

其中$i\in\mathbf{N}$;$n\in\mathbf{N}$。

本模型中SE_1=72.25%×过程性评价+27.75%×结果性评价。

$$SE_2(W,M)=\sum_i^n\sum_j^m(W_{ij} \times M_{ij})$$

其中$i,j\in\mathbf{N}$;$n,m\in\mathbf{N}$。本模型中,过程性评价$M_1=M_{11}\times W_{11}+M_{12}\times W_{12}+M_{13}\times W_{13}+M_{14}\times W_{14}=$发现问题×39.25%+设计方案×9.92%+解决问题×23.08%。结果性评价$M_2=M_{21}\times W_{21}+M_{22}\times W_{22}=$项目目标达成度×13.87%+成长目标达成度×13.88%。

$$TE'=\sum_i^n\sum_j^m\sum_k^o(W_{ijk} \times M_{ijk})\div\sum_i^n\sum_j^m\sum_k^o M_{ijk} \times 100\%$$

其中$i,j,k\in\mathbf{N}$;$n,m,o\in\mathbf{N}$,TE'为STEM课堂教师教学评价量表百分制转化得分。

$$SE'=\sum_i^n\sum_j^m\sum_k^o(W_{ijk} \times M_{ijk})\div\sum_i^n\sum_j^m\sum_k^o M_{ijk} \times 100\%$$

其中$i,j,k\in\mathbf{N}$;$n,m,o\in\mathbf{N}$,SE'为STEM课堂学生学习评价量表百分制转化得分。

(四)STEM课堂教学评价体系的信度、效度

"STEM课堂教师教学评价量表"和"STEM课堂学生学习评价量表"试用近一年后,在前期文献分析的基础上,我们进行了一次信度、效度调查。在问卷内容设置上,根据STEM课堂教师教学评价和学生学习评价量表的指标顺序一一排序,尽量保证问卷结构与研究内容贴合。

1.问卷调查实施情况

为保障问卷调查数据的真实性和科学性,我们将问卷发送到全国各地开展STEM教育实践的多个教师研究群,问卷调查时间为2021年3月9日—10日。截至3月10日晚上9点,我们共回收到全国10个省38

个地市213名STEM教师及专家的认可度问卷。相较于纸质版问卷，网络问卷一方面可以将回收到的问卷直观化，降低数据处理难度；另一方面没有围观者在旁边，调查对象可以真实表达自己对量表的看法和使用需求，使得调查结果更加客观和具有说服力。组织教师网上独立填写问卷，在一定程度上保证了问卷的有效性和结果的真实性。我们借助SPSS软件对调查问卷进行分析。问卷调查样本教师基本情况如表3-5所示。

表3-5　问卷调查样本教师基本情况

项目	选项	小计/人	比例
性别	男	50	23.47%
	女	163	76.53%
年龄	18岁以下	0	0%
	18—25岁	35	16.43%
	26—30岁	59	27.7%
	31—40岁	62	29.11%
年龄	41—50岁	46	21.6%
	51—60岁	11	5.16%
	60岁以上	0	0%
身份	高校教师或科研人员	8	3.76%
	教育行政管理人员	13	6.1%
	教育培训机构或组织内部人员	15	7.04%
	小学一线教师	139	65.26%
	中学一线教师	23	10.8%
	中小学校领导与管理者	15	7.04%
学历	大学专科	20	9.39%

续　表

项目	选项	小计/人	比例
学历	大学本科	174	81.69%
	研究生	19	8.92%
职称	无	39	18.31%
	初级	77	36.15%
	中级	66	30.99%
	副高级	31	14.55%
	正高级	0	0%
任教学科	语文	19	8.92%
	数学	31	14.55%
	英语	5	2.35%
	科学	11	5.16%
	美术	4	1.88%
	信息技术	36	16.9%
任教学科	音乐	2	0.94%
	物理	6	2.82%
	化学	1	0.47%
	生物	3	1.41%
	其他	95	44.6%

2.信度检测数据分析结果

信度分析用于研究定量数据(尤其是态度量表题)的可靠性和准确性。首先分析α系数,若系数超过0.9,表示问卷数据非常可靠;若系数为0.8～0.9,则说明信度高;若系数为0.7～0.8,则说明信度较好;若系数为0.6～0.7,则说明信度可接受;若系数小于0.6,则说明信度不佳。

对问卷的信度分析结果如果表3–6、表3–7所示。

表3-6 STEM课堂教师教学评价量表信度检测数据分析

指标	设计教学目标	提供学习支架	管理学习过程	科学评价学生	项目目标达成度	成长目标达成度
α系数	0.964	0.978	0.963	0.970	0.931	0.972

表3-7 STEM课堂学生学习评价量表信度检测数据分析

指标	发现问题	设计方案	解决问题	项目目标达成度	成长目标达成度
α系数	0.969	0.983	0.985	0.919	0.937

由表3-6、表3-7可见，该问卷的信度检验结果高于0.9，是可信的，且总体信度较高，表明本问卷的设计合理有效，具有一定的准确性和可靠性，获得的数据也比较稳定。

3. 效度检测数据分析结果

使用KMO和Bartlett检验进行效度分析。首先分析KMO值，如果此值高于0.8，则说明效度好；若为0.7～0.8，则说明效度较好；若为0.6～0.7，则说明效度一般；若小于0.6，则说明效度较差。其次，效度分析要求通过Bartlett检验（对应p值需要小于0.05）。此外，如果仅有两个分析项，则KMO均为0.5。检测结果表明：KMO值为0.953，即大于0.8，p值为0.000，通过Bartlett检验，说明该问卷研究数据效度好。

二、STEM教育四位一体评价体系

STEM教育是世界各国教育界备受关注的热点，已悄然走进课堂，如何对STEM课堂进行有效评价是当前STEM教育领域关键问题之一。但是就目前来看，无论是国际还是国内，关于STEM教育的研究，基本聚焦在发展进度和发展模式上，对STEM教育的评价研究少之又少，聚焦课堂教学的评价研究就更少。没有规范的STEM教育评价体系，也是制约中国STEM教育发展的瓶颈之一。我们STEM研究团队因势而动，通过定量分析与定性分析相结合的方式，研制出STEM教育评价体系，通过两年三层次近万名师生样本的课堂实践，验证了一个结论：量表评价得分高的教师表现出更强的STEM教学能力，学生的STEM学习能力和创新思维能力也有显著提升。本研究紧随时代脉搏，将过程性评价、结果性评价、增值性评价和综合性评价四位一体，全方位构建STEM教育评价体系。实践表明，一套科学严谨的STEM教育评价体系，对引领STEM课堂教学方向，提升STEM教育的价值导向具有重要意义。

2020年10月，中共中央、国务院颁布了《深化新时代教育评价改革总体方案》。方案指出，教育评价事关教育发展方向；坚持科学有效，改进结果评价，强化过程评价，探索增值评价，健全综合评价；坚决克服唯分数、唯升学、唯文凭、唯论文、唯帽子的顽瘴痼疾。本研究力图通过多层次的STEM教育评价的实践验证，构建STEM教育四位一体的科学评价体系。

（一）STEM教育评价文献综述

随着STEM教育的不断发展，国内外学者对STEM教育的研究越来越深入。笔者通过中国知网（CNKI）数据库，以“STEM教育评价”为主题检索词进行检索，检查结果如表3-8所示。

表3-8 STEM教育评价文献发表年度及数量

发表年度/年	文献数量/篇
2006	1
2011	1
2015	3
2017	15
2018	21

续　表

发表年度/年	文献数量/篇
2019	26
2020	29

由上表可知，对STEM教育评价的研究最初整体发展态势处于较低水平，从2015年开始文献数量开始攀升。我国2017年才有学者开始对有关评价内容进行探讨，2017年—2020年呈逐渐繁荣的态势，但是也仅有年均20多篇论文专门研究STEM教育评价。2020年论文数量依然呈现上升趋势，说明STEM教育评价已逐渐成为教育研究领域的热点话题，但是文献总数量少，说明评价研究依然是一个难点。

我们还系统梳理了国内外14个STEM教育评价案例，对他们的评价学段、评价对象、评价内容进行了纵向比较，为本研究提供很有价值的研究思路。从评价学段来看，7个属于大学教育评价，7个属于基础教育评价；从评价对象来看，虽然都聚焦课堂，但11个评价是单一评价，仅评价教师或者学生，不能全面评价课堂质量，只有3个既评价教师又评价学生，但都是大学STEM教育评价；从评价内容来看，每个评价的内容都不一样，包括课程内容、学习兴趣、教学环境、学生合作意识、职业兴趣等，与课堂教学关系不大，只有3个评价聚焦学生、教师的课堂行为表现。相对而言，国外在STEM教育评价方面研究成果较多，并研发了相应的评价工具，比如PORTAAL教学评价系统就是美国莎拉·艾迪教授和玛丽·帕特·温德罗斯教授等领衔开发，服务于大学STEM课堂的一个评价体系。这个评价体系的核心是如何在STEM课堂上，通过教师的教学行为，促进学生主动学习，包括4个维度共21个具体指标。这也是目前为止表述比较完整的一个评价体系，但是局限于大学课堂。

我国STEM教育评价研究起步迟，多是介绍国外STEM教育评价成果及进展。如柏毅等介绍了美国康涅狄格科学中心开发的STEM评价体系，将课堂教学分为七个步骤且每个步骤附有评价量表，教师评价学生，只需要对照量表进行评分即可。该评价体系为学生STEM学习制定了量规，通过量规对学生STEM学习行为进行规范；但五点指标太过笼统，评价未免以偏概全，难以真正通过评价来衡量STEM教育教学质量。北京师范大学李艳燕教授等通过调研大量国内外STEM教育评价文献，聚焦课堂教学，采用德尔菲法，让9位专家通过两轮打分，最终确定了4个一级指标（课堂环境、课程结构、教学内容和学生表现）和22个二级指标，形成了一套STEM教育评价体系。这个STEM教育评价体系有一定的借鉴和参考意义，但未经实践检验，难以直接应用到STEM课堂教学中。

综上所述，我国学者近年来在STEM教育理论、实践模式、应用等方面探讨多，产出多，但是在STEM教育评价研究上实践少，成果少，要使学生的STEM素养得到提高，贯穿于整个STEM教育实施的一个决定性因素，就是评价。因此，针对我国STEM教育发展现状的评价体系及评价工具的开发势在必行，这也是推进我国STEM教育健康有序发展的必由之路。

（二）STEM教育评价体系及其原则

1.STEM教育评价体系

本研究依据《深化新时代教育评价改革总体方案》精神，结合STEM教育的特点，建立了四位一体的STEM教育评价体系。

2.STEM教育评价体系的原则

（1）实用性原则：依据实用主义“做中学”的教育理论，我们坚持以STEM教育过程中发现的问题为导向，做到工作中真抓实干，研究中有的放矢。2018年，当我们启动STEM课堂教学研究时，大家都很迷茫：STEM课堂到底有怎样的要求？格式和规范是什么？通过第一节STEM

课，我们认识到，本研究现在面临着两个亟待解决的问题：一是课堂教学的评价标准，二是STEM教育的核心。

（2）实践性原则：评价标准不能闭门造车，必须贴合教学实际，否则就是无源之水。因此，教师依据自己的STEM课堂教学经验设计教师评价标准，学生依据自己的STEM课堂学习经验设计学生评价标准。这样基于学生、教师的真实需求就为STEM教育评价体系的建构奠定了基础；再通过整合、讨论、研究、实践、修改等环节，STEM教育评价体系1.0版基本定稿。

（3）科学性原则：为了保证评价的科学性，2019年5月—2020年8月，我们先后邀请中国教科院、华东师范大学、中央电化教育馆、北京教育学院的STEM专家对评价体系进行多轮指导和论证。我们结合全国权威STEM专家的意见，对1.0版评价体系进行完善，使其逐渐走向成熟，升级为STEM教育评价体系2.0版。

（4）系统性原则：2020年10月，中共中央国务院印发了《深化新时代教育评价改革总体方案》。方案指出，教育评价要遵循教育规律，改进结果评价，强化过程评价，探索增值评价，健全综合评价。可见，STEM教育评价不能只关注课堂，还要关注教师、学生STEM能力的可持续发展，关注学校、区域STEM教育的发展。因此，我们将过程性、结果性、增值性、综合性评价结合起来，形成四位一体的科学的STEM教育评价体系，让评价成为促进STEM教育普及、发展的杠杆。

（三）STEM教育四位一体评价体系的建构

1. 强化过程评价，改进结果评价

（1）STEM课堂教学评价量表。事情的结果与事情的过程同样重要，细节决定成败，过程决定结果。所以我们从课堂的两大主角教师和学生入手：强化过程评价，改进结果评价（见表3-9、表3-10）。

表3-9 STEM课堂教师教学评价量表

一级指标	二级指标	三级指标	量规	评分
过程性评价	设计教学目标	明晰性	引入问题情境描述清楚，有启发性，能准确把握其STEM教育内涵（10分）	
			能力目标体现培养创新能力、知识建构能力、分析解决问题能力、沟通合作能力、探索学习能力等（10分）	
			STEM项目体现培养积极人格，正确的价值观、人生观和世界观（10分）	
		适切性	教学目标与学生学段的知识结构、生理心理特点、认知水平等适切且略有提高，符合最近发展区理论（10分）	
			STEM课程与本校校情、校本课程、综合实践活动等课程适切（10分）	
	提供学习支架	情境设计支架	情境设计基于真实环境，能解决真实问题（10分）	
			项目实施支架设计生动活泼，能激发学生探究的热情（10分）	
		问题设计支架	所创设的问题有挑战性，能启发学生思考，学生设计思维和创新思维得到训练与培养（10分）	
			问题解决方案设计具有科学性、可行性，逻辑性强（10分）	
		资源工具支架	所提供的学习资源及技术工具与课程内容适切，有效解决课程需求（10分）	
			熟悉技术应用如实验器材、编程、3D、AR、VR等，并能熟练指导学生（10分）	
		答疑支持支架	能及时关注、激励每个学生（10分）	
			能引导学生深入思考，和学生一起进行探索，释疑解惑（10分）	
	管理学习过程	组织有序性	教学过程严谨流畅，活动组织井然有序（10分）	
		时间可控性	课堂张弛有度，在规定时间完成规定任务，时间把控恰当，符合教学设计弹性（10分）	

续 表

一级指标	二级指标	三级指标	量规	评分
过程性评价	科学评价学生	全体性	依据多元智能理论，做到每名学生参与，关注每个学生的学习情况，做到因材施教(10分)	
		全面性	多维度全面评价学生，尊重学生个性发展，能提供个性化教学反馈与指导等(10分)	
		客观性	学习效果明显，解决了提出的问题(10分)	
			学习成果有展示平台，让学生客观评价自己的能力(10分)	
结果性评价	项目目标达成度	科学原理达成度	本项目涉及的科学原理、相关知识等已融会贯通(10分)	
		任务完成达成度	通过多学科知识融合，任务完成度高(10分)	
	教育目标达成度	能力目标达成度	能应用所学知识分析问题、解决问题，构建新知(10分)	
			课堂解决问题时善于运用工程师思维，体现创新意识(10分)	
		成长目标达成度	体现立德树人的成长目标，学生科学核心素养得到发展(10分)	
			培养勇于创新、敢于质疑的个性心理品质(10分)	

表3-10 STEM课堂学生学习评价量表

一级指标	二级指标	三级指标	量规	评分
过程性评价	发现问题	真实性	有问题视角，懂得从情境中发现真实问题，并形成项目(10分)	
			勤于家务劳动、生产劳动、公益活动和社会实践，提出的问题是为了改革、改进、创新这些实践活动(10分)	
		价值性	形成的STEM项目对改进生活、学习有价值(10分)	

续　表

<table>
<tr><th>一级指标</th><th>二级指标</th><th>三级指标</th><th>量规</th><th>评分</th></tr>
<tr><td rowspan="15">过程性评价</td><td rowspan="2">发现问题</td><td>价值性</td><td>提出的STEM项目本身有意义，有创新（10分）</td><td></td></tr>
<tr><td>伦理性</td><td>提出的问题符合道德、法律规范（10分）</td><td></td></tr>
<tr><td rowspan="6">设计方案</td><td rowspan="2">流程设计创新</td><td>思考设计STEM项目有效解决方案的架构图（10分）</td><td></td></tr>
<tr><td>问题解决架构图设计思路清晰，善于通过整合多学科知识解决问题，创意度高（10分）</td><td></td></tr>
<tr><td rowspan="2">资源应用创新</td><td>信息素养好，懂得从不同渠道搜集有效资源，研究解决方案（10分）</td><td></td></tr>
<tr><td>能从固有的资源支架中，发掘资源新价值，应用有创意（10分）</td><td></td></tr>
<tr><td rowspan="2">工具应用创新</td><td>在丰富的教学支架下，依据方案配置技术应用工具、器材合理（10分）</td><td></td></tr>
<tr><td>新技术的应用更有利于STEM项目问题的解决（10分）</td><td></td></tr>
<tr><td rowspan="6">解决问题</td><td rowspan="2">实施反馈</td><td>STEM实验操作过程中技术运用熟练，能验证自己设计的解决方案（10分）</td><td></td></tr>
<tr><td>善于应用跨学科知识解决STEM项目实施过程中出现的问题或突发情况，落实方案思路清晰，完成任务效率高（10分）</td><td></td></tr>
<tr><td rowspan="4">合作分享</td><td>合作中分工明确，积极承担STEM项目任务（10分）</td><td></td></tr>
<tr><td>在同伴互助中，懂得尊重他人的思想和成果（10分）</td><td></td></tr>
<tr><td>实施方案过程中，乐于分享和展示自己的STEM思想和作品（10分）</td><td></td></tr>
<tr><td>敢于表现自己，科学求证，陈述观点时语言表述简洁，系统性、逻辑性强（10分）</td><td></td></tr>
<tr><td rowspan="2">结果性评价</td><td rowspan="2">项目目标达成度</td><td rowspan="2">达成度</td><td>本节STEM课涉及科学原理和相关知识图谱已理解掌握（10分）</td><td></td></tr>
<tr><td>依据设计的方案完成了项目提出的问题（10分）</td><td></td></tr>
</table>

续 表

一级指标	二级指标	三级指标	量规	评分
结果性评价	项目目标达成度	时效度	时间安排合理,利用率高(10分)	
			在规定时间内完成规定任务,问题得到解决(10分)	
		能耗度	设计STEM项目,注重是否节能(10分)	
			项目能耗小,成本相对低,符合环保原则(10分)	
	成长目标达成度	综合素养	实现立德树人的成长目标,科学、技术、数学、工程、人文、创新等综合素养得到发展(10分)	
		心理品质	培养了勇于创新、迎难而上、敢于质疑的个性心理品质(10分)	
		学习满意度	对自己的学习成果及收获满意度高(10分)	

(2)量表指标解读。

①一级指标解读。两个评价的一级指标都为过程性评价和结果性评价。这是对STEM课堂学生学习行为和教师教学行为的持续性监控。通过过程观察,能把握教师、学生的能力发展状况,发现学与教的难点,及时调整教学方式和内容,使教学更符合学生认知规律。数据分析形成教师、学生STEM能力发展曲线,为改进教学提供了决策依据。过程性评价和结果性评价相结合,可以让教师看到STEM教学效果和学生通过STEM课程得到的成长,为新STEM课程的开发奠定了基础,有利于促进STEM教与学的良性循环。

②二级指标解读。STEM课堂与普通学科课堂完全不同,主要体现在“五个转变”:从以教师为中心转变为以学生为中心;从有效“教”转变为促进“学”;从教师“一言堂”转变为教师是学生学习活动的设计者、组织者;教师从知识传授者转变为学生学习支架的提供者,成为学习活动的引导者、协助者;教师从学生的评价者转变为学生学习结果评

价体系的构建者。正是由于教师和学生在STEM课堂中的角色及作用完全不同,所以二级指标中,教师教学评价量表和学生学习评价量表就明显不同。

教师教学评价量表从设计教学目标、提供学习支架、管理学习过程、科学评价学生、教育目标达成度五个角度评价,体现教师是否把组织者、引导者、协助者、评价体系的建构者的角色扮演好;而学生学习评价量表则是从发现问题、设计方案、解决问题、项目目标达成度、成长目标达成度五个角度进行评价,体现学生是否在教师引导下,学会自主学习、自主创新、自主成长。

③三级指标解读。布鲁姆是美国当代著名的教育家和心理学家,他经过长年的心理教学研究总结出了著名的"布鲁姆六大认知层级"分类金字塔。他指出,记忆、理解和应用是初步的;只有当记忆开始学会分析、评价乃至创造,才达到高层次的要求。STEM课堂教学培养的是学生的高阶思维,最主要的就是培养学生分析问题、解决问题的能力。同时,学生的知识建构能力、创新能力、沟通合作能力、探索学习能力等也在不断学习中培养起来。

为此,本研究将培养学生高阶思维的元素从不同角度设计进三级指标中,分别体现在:教师教学评价量表分为明晰性、适切性、情境设计支架、问题设计支架、资源工具支架、答疑支持支架、组织有序性、时间可控性、全体性、全面性、客观性、科学原理达成度、任务完成达成度、能力目标达成度、育人目标达成度15个方面;学生学习评价量表则从真实性、价值性、伦理性、流程设计创新、资源应用创新、工具应用创新、实施反馈、合作分享、达成度、时效度、能耗度、综合素养、心理品质、学习满意度14个方面进行评价。三级指标融入了中国教科院颁布的STEM教师能力五个等级标准及STEM课堂教学的规范、要求,将教师能力等级和学生能力提升有机结合起来,充分体现了STEM课程教学PBL项目式学习的六大特点,既是指导教师、学生STEM教学发展的方向，又做到教学相长。

④评价量规解读。经过大量研究和实践，美国国际技术与工程教育学会于2014年提出了备受推崇的STEM教学“6E设计型学习模式”。该模式主要包括六个过程：引入（Engage）、探究（Explore）、解释（Explain）、工程（Engineer）、丰富（Enrich）、评价（Evaluate）。量规很好地诠释了6E教学流程，通过STEM教学中6E学习模式的教学探索，学生在亲历引入、探究、解释、工程、丰富和评价等一系列过程中，不仅激发了学习主动性和参与度，促进了不同学科之间的知识融合，而且培养了在真实情境中解决问题的能力，为适应未来社会发展和个人生活需要奠定坚实基础。

⑤评分解读。我们对等级制和赋分制都进行了多轮实验，二者都可以用雷达分析图、柱状分析图等形式显示评价结果。赋分制还能用总分表达一节课的评价结果，并能形成一个阶段教学以后教师、学生的成长曲线，这一点是等级制无法做到的。所以，我们最终选用赋分制作为评价方式。

⑥评价形式解读。根据STEM及创客实践过程协作的需要，评价者有教师、学生、学生小组或家长等。评价形式有教师自评、教师互评、教师评学，学生自评、学生互评、学生评教；赛课时采取专家评教、专家评学；遇到开放日，还有家长评教、家长评学等。量表将多维性与多元化相结合，使评价成为多方合作和相互促进的增值过程。通过评价，分析数据，强化评价的改进与激励功能，发现和肯定学生、教师所蕴藏的潜能，帮助学生树立创新意识，培养学生创新能力。

2.探索增值性评价

（1）增值性评价量表。

增值性评价是国际最为前沿的教育评价方式，不以学生的考试成绩作为评价学校和教师的唯一标准，具有引导学校多元发展的作用。依据中国教科院颁布的STEM教师能力五大等级测评指标，根据一年来教师、学生STEM课堂教学能力发展曲线，本研究制定增值性评价的量表如表3-11、表3-12所示。

表3-11　STEM课堂教师增值性评价量表

一级指标	二级指标	量规	评价			
			A	B	C	D
过程性评价(70%)	项目设计能力	设计教学目标能力阶段性评价曲线的增长度				
		新增具有前瞻性的优质STEM教学设计量(与上年度相比)				
	提供学习支架能力	提供学习支架阶段性评价曲线的增长度				
		新增优质STEM教学资源量(与上年度相比)				
	管理学习能力	管理学习过程阶段性评价曲线的增长度				
		新增师生受益覆盖面(与上年度相比)				
	科学评价能力	科学评价学生阶段性评价曲线的增长度				
		新增授课评价STEM项目及教学反思数(与上年度相比)				
结果性评价(30%)	项目目标达成能力	项目目标达成阶段性评价曲线的增长度				
		新增个人指导的STEM作品数(与上年度相比)				
	教育目标达成能力	教育目标达成度阶段性评价曲线的增长度				
		新增学生创客人数(与上年度相比)				

表3-12　STEM课堂学生增值性评价量表

一级指标	二级指标	量规	评价			
			A	B	C	D
过程性评价（70%）	发现问题能力	发现问题阶段性评价曲线的增长度				
		新增有研究价值的STEM问题数（与上年度相比）				
	设计方案能力	设计方案阶段性评价曲线的增长度				
		新增自行设计的有应用价值的STEM项目数（与上年度相比）				
	解决问题能力	解决问题能力阶段性评价曲线的增长度				
		新增解决的STEM问题数（与上年度相比）				
结果性评价（30%）	项目目标达成能力	项目目标达成度阶段性评价曲线的增长度				
		新增STEM项目成果数（与上年度相比）				
	成长目标达成能力	成长目标达成度阶段性评价曲线的增长度				
		自我评价在STEM学习中得到的成长并有相关佐证材料（与上年度相比）				

（2）增值性评价说明。

依据STEM课堂教学进行增值性评价，进一步扩大、深化了课堂评价的意义。增值性评价采用自评与互评相结合，专家评与师生评相结合的方式，提高了评价的信度和效度。评价时，教师教与学和学生的水平要设置一定的区间，水平较高时，只要保持基本稳定即可。

(3)增值性评价指标解读。

①一级指标解读。教师和学生增值性评价一级指标都是过程性评价和结果性评价,对应课堂教学教师教学评价和学生学习评价的一级指标。一学期或一年的STEM活动的开展,形成了教师STEM能力成长曲线和学生STEM能力成长曲线,每个能力指标水平的提高或者降低,就能很好地反映教师、学生相应能力水平的增值状况。

②二级指标解读。教师增值性评价量表二级指标有六项:项目设计能力、提供学习支架能力、管理学习能力、科学评价能力、项目目标达成能力、教育目标达成能力。学生增值性评价量表二级指标有五项:发现问题能力、设计方案能力、解决问题能力、项目目标达成能力、成长目标达成能力。它们与课堂教学评价量表的二级指标相对应。课堂教学评价只是STEM教育活动的一个点,评价要有连续性,半年或一年对教师、学生进行一次综合评价,才能体现阶段性STEM学习的增值有多大,连续性的评价才能更好地催生STEM教育的成长效益。

3.健全综合评价。

(1)综合性评价量表。

综合性评价是对STEM教育发展需要的各类条件的评价,应用权重进行综合评估,是对一个学校或区域的STEM研究整体情况进行的评价(见表3-13)。

表3-13　STEM教育学校(或区域)综合性评价量表

一级指标	二级指标	量规	评价			
			A	B	C	D
课程评价(30%)	课程质量	学校有STEM教材,教材内容符合科学性、实践性、综合性、协同性、创新性等特点				
	课时量	STEM教育已纳入学校课时,每周有固定时间开课				

续 表

一级指标	二级指标	量规	评价			
			A	B	C	D
课程评价(30%)	覆盖面	学校STEM课程覆盖面(全覆盖、整年级、社团式、兴趣班等形式)				
环境评价(20%)	STEM空间	有专门的创客及STEM学习空间,器材配备符合学校校情				
	师资队伍	有专兼职STEM教师,学校STEM学习氛围浓厚				
	家长支持	经常开展STEM活动,家长支持率高				
教学评价(30%)	教师教学	教师STEM素养不断提高,教学活动常态化				
	学生学习	学生STEM学习常态化,创新素养逐步提高				
	评价应用	教学评价与课程同步应用,成为促进STEM教育发展的重要工具				
活动评价(20%)	活动开展	学校定期开展STEM活动,且有本校的特色STEM活动				
	活动影响	学校开展的STEM活动在本区域内有一定的影响				
	活动成果	学校STEM活动成效显著,成果较多,持续增长				

(2)综合性评价说明。

综合性评价主要体现了对STEM教育的管理,评价时要考虑学校规模及学校基础,制定合适的评价体系;评价时采用多元评价方式,做到教师评价、学校自评与专家评价相结合;建议坚持一年评价一次,有利于学校STEM教育的可持续发展。

(3)综合性评价量表解读。

一级指标含课程评价(30%)、环境评价(20%)、教学评价(30%)、活动评价(20%)。指标将教学评价和课程评价纳入进去,并将影响STEM教育发展的环境、活动两个要素也按比例纳入评价,能全面体现学校或区域的STEM教育发展状况。

二级指标是对一级指标的进一步细化分解,含课程质量、课时量、覆盖面、STEM空间、师资队伍、家长支持、教师教学、学生学习、评价应用、活动开展、活动影响、活动成果等12个指标,对学校或(区域)在STEM教育发展方面提出具体要求。

(4)四个评价的内在联系及评价等级。

STEM课堂教学评价(过程性评价与结果性评价)聚焦课堂,主要考查教师、学生STEM实践能力,是STEM教育的点;增值性评价聚焦教师、学生的成长,主要考查教师、学生一个阶段后STEM能力的增值度,体现STEM发展的线;综合性评价聚焦学校、区域,主要考查学校、区域STEM教育发展的状况,体现STEM教育的面。以点带面、多点成线、点线面结合的四位一体评价方式,使评价更具全面性、科学性和有效性,有利于STEM教育的可持续发展。

(四)存在的问题与展望

1.存在的问题

经过不断的研究,我们研究团队在实践中的STEM应用能力不断提升,开发了一套小学STEM教材,研发了一个STEM教育评价体系。团队成员涌现出一批STEM种子教师,小创客团队也在茁壮成长,进一步促进了区域STEM教育整体的推进与发展。但是我们在研究中也存在一些困惑:

(1)坚守的艰难:STEM教育评价研究一个艰难前行的过程。在这个过程中,由于缺少资金支持和政策支持,大浪淘沙,只留下一部分能坚守的骨干教师。

(2)政策的落实:STEM教育对培养创新型人才意义重大,但是国家政策的全力支持还需要一个过程，在中国教科院出台了相关政策之后，顶层设计轰轰烈烈，基层落实却存在一定困难。一些学校都是靠教师的信念在坚守，容易后劲不足。

2.展望

STEM课堂教学评价，只能解决课堂教学的评价问题；STEM教育增值性评价目前还只研究到师生的年度增值性评价；综合性评价还需要进一步融合各类评价。为了全面推进STEM教育的发展，我们认为，还可以从不同角度、不同侧面研究评价指标，努力构建完善的过程性评价、结果性评价、增值性评价和综合性评价四位一体的科学评价体系，使得STEM教师、学生、学校、区域的发展等评价均能做到有章可循。

三、STEM教学评价应用指南

如何将评价指标应用到学校的STEM教学中去，是所有成员单位都在思考的问题。经过一段时间的探索，实践共同体集思广益，形成了"STEM教学评价五步应用指南"，其架构如图3-3所示。

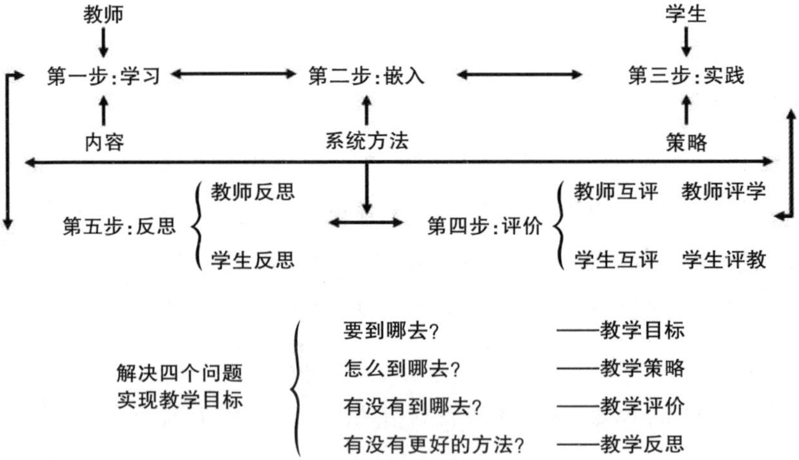

图3-3 STEM教学评价五步应用指南架构

(一)应用架构——五步应用指南

1.第一步,学习:STEM理论及评价

认真学习STEM教育教学理论,了解STEM教学如何评价,是做好STEM教育的前提。学校要做好STEM教育应用培训和指导工作。

2.第二步,嵌入:STEM教学设计

教学设计是教师以教学理论为基础,依据教学对象的特点和教师自己的教学观念、经验、风格,运用系统的观点与方法,分析教学中的问题和需要,确定教学目标,建立解决问题的步骤,合理组合和安排各种教学要素,为优化教学效果而制定实施方案的系统的计划过程。教学设计中嵌入了STEM教育元素,教师就可以有效地掌握学生学习的初始状态和学习后的状态,从而及时调整教学策略、方法,采取必要的教学措施,为下一阶段的教学奠定良好基础。

3.第三步,实践:STEM教学过程

由于STEM课程的特殊性,STEM教学含课堂教学和课外教学。教师只有选择适当的教学方法和教学策略,每周在相对固定的教学时间里扎扎实实地落实STEM教学,STEM教育才能真正落地生根。STEM教学是实现STEM教育目标的重点。

4.第四步,评价:STEM教学评价

根据STEM及创客实践过程和协作的需要,评价者有教师、学生、听课专家等。将学生互评与学生评教相结合、教师互评与教师评学相结合,使评价成为多方合作和交互活动的过程,评价更具科学性、公平性。评价量表依据STEM课堂教学步骤分出不同的评价层级,严格按照授课质量为学生、教师打分,级别的增加就代表着学生、教师的发展,这样学生、教师的能力情况便一目了然。评价环境没有严格的要求,可以直接对照指标评价,但是没有数据分析;可以利用评价指标制作电子问卷进行评价,如此便有了教学质量数据分析,有利于师生实时了解自己的状况,但是没

有数据留存与持续跟踪；可以利用评价系统软件进行评价，既有数据分析，数据还能永久保留，持续跟踪，最后形成阶段性教师、学生 STEM 能力增长曲线。这是 STEM 教育及评价落实的关键。

5.第五步，反思：STEM 教学反思

评价数据及分析是教师教学反思和学生学习反思的重要依据。通过搜集证据、分析数据，强调评价的改进与激励功能，淡化甄别和选拔的功能。评价尊重和爱护学生的个体差异，发现和肯定学生所蕴藏的 STEM 潜能，帮助学生树立正确的成才观和价值观。这是促进教师、学生 STEM 能力可持续发展的落脚点。

评价是一个系统工程，STEM 教学评价五步应用指南流程清晰，应用简单。教学目标解决要到哪里去的问题，教学策略解决怎么到那里去的问题，教学评价解决有没有到那里去的问题，教学反思解决有没有更好的方法的问题。

（二）实施关键——应用机制

要使 STEM 教育及评价真正落实，形成 STEM 教育新生态，学校需要抓好两个关键，一个是 STEM 培训学习，一个是 STEM 教学实践，形成学校的长效应用机制（见图 3-4）。

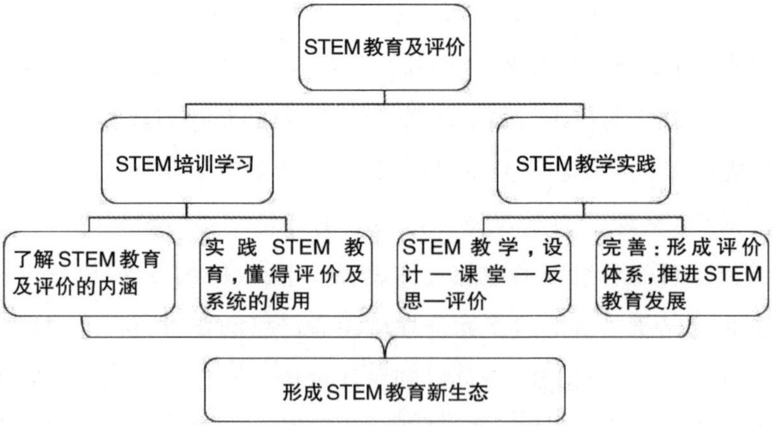

图3-4　形成STEM教育新生态的基本步骤

（三）评价工具——STEM评价系统

教育信息化2.0时代，评价是规范，好的评价工具会使评价事半功倍。评价工具可以是一张供大家勾画的纸质评价量表，其缺点是难以保存，也无数据分析；也可以提前制作网络问卷，其有直观的数据分析，有利于教师、学生及时了解自己的STEM能力情况，但是每次都需要重新制作，并且只是评价一个点而不是面。鉴于此，我们研发了STEM教育全过程动态评价系统，每次研讨，都利用评价系统现场评价，依据分析数据现场点评，会后教师、学生再根据数据分析，撰写教学反思，真正发挥评价的评估、指导、激励功能。

1.评价工具——STEM教育全过程动态评价系统

（1）STEM教育全过程动态评价系统1.0版：STEM教育全过程动态评价系统是我们项目组开发的STEM评价软件，这是评价落实的技术工具。1.0版软件含课程中心、学校中心、评价中心三大板块。课程中心含小学、初中、高中的STEM教材和配套STEM学习素材，教师自己可以创建授课项目，上传课程资料并进行管理。在学校中心板块中，教师上传资源后，系统会自动进行各学校STEM教育学习活动上传资源的数据统计，方便主管部门统筹管理和教育局及时了解学校STEM活动的开展情况。评价中心可以设置用户角色，方便学生和教师使用，教师评价空间含教师自评和教师互评；学生评价空间含学生自评和学生评教。每次的评价会及时生成评价数据及数据分析，并可长期保留。每学期结束后通过数据积累就可以分析教师STEM教学成长曲线和学生STEM学习成长曲线。

（2）STEM教育全过程动态评价系统2.0版：目前，STEM全过程动态评价系统已经升级成功，平台分为四个部分：STEM区域管理云平台、STEM学校管理端、STEM教师教学端、STEM学生学习端。我们将STEM课程资源与课堂教学评价进行整合，利用人工智能、大数据等互联网技术，以STEM课堂为中心全程记录师生、生生互动过程，并由此形成教师、学生的STEM全过程动态评价数据，生成个性化的成长记录，为STEM学习提供一个完整的全过程综合素质评价平台。新生态的STEM评价系统是基于"互联网+"的思维方式和大数据、云计算等新一代信息技术，以STEM教育资源建设与评价为基础，以STEM教育数据的汇聚、分析和动态评价为核心，全面打造网络化、智能化、泛在化的STEM智慧学习环境，使教师、学生的阶段性增值评价能随时呈现，学校、区域的综合性评价也能在线查询。该评价系统从主观评价转向数字化客观评价，实现伴随式、精准化评价诊断，实现了管理决策的科学化、智能化的目标。

（四）STEM教育四位一体评价的实践应用

1.应用范围

随着STEM教育评价量表的日臻成熟，再加上先进的评价工具，STEM教育评价开始在STEM教育各类活动中发挥作用。

（1）场景一：评价STEM教师日常课堂教学——体现指导意义。

课堂教学是衡量教师STEM素养和学生STEM学习水平的一把尺子，教师平时授课、开展研讨课，通过评价系统及时评价，评价完成即可形成评价数据分析。另外，根据项目评价需要，教师可依据本量表，制定具体项目任务中的任务量规，以促进过程性评价的有效开展。依据评价数据分析的曲线图进行评课，有针对性，对教师、学生的STEM教与学指导意义更大。

（2）场景二：评估区域STEM教育水平——具有评估价值。

STEM全过程动态评价系统通过人工智能和大数据，以及区域内学校的课程评价应用，能自动统计每个阶段区域、学校的具体应用数据和应用能力评价，进而作为教育主管部门评估区域、学校STEM应用能力或等级的重要工具，为教育主管部门的行政决策提供数据支持和等级依据。

（3）场景三：选拔STEM种子教师——发挥选拔功能。

可以作为STEM种子教师选拔的标准。2021年3月，瑶海区开展了第二批STEM种子教师选拔，根据评价标准系统对参评教师提供的参评课例打分，测评出教师的STEM能力及素养水平，使教师的选拔更客观、公正。

（4）场景四：评比STEM课堂教学展示活动——具备评比作用。

评价量表可以作为STEM课堂展示活动的评比标准。2021年3月，实践共同体项目组共收到课例50节，评课专家通过系统进行评价，根据课例分数高低推选出38节优秀课例进行展示和表彰。

根据评价需求，从项目角度看，就是一个项目评一次；从课堂比赛角度看，就是一节课评一次；从学生、教师、学校、区域STEM能力增值发展角度看，就是一学期评一次或一年评一次。

2.应用收获

（1）STEM课堂教学评价要分学段。根据学段，评价量表要有所区分。目前实践共同体正在研发“幼儿园STEM课堂教学评价量表”，已经有了“幼儿园教师教学评价量表”“幼儿学习评价量表”“幼儿自评互评量表”，还缺少验证和专家论证过程，这也是我们实践共同体下一阶段的研究方向和目标。

（2）STEM教育应该从幼儿园抓起。孩子的设计思维和工程师思维从启蒙阶段就要培养，这符合孩子成长的规律，在创新人才培养上意义重大。

（3）STEM项目的实施最终要通过课堂来实现。实践证明，以学生自主学习、自主思考为主的STEM教育，不是彻底放手，也不能彻底放手。只有通过课堂教学，才能引领学生的STEM学习方向，这里教师的引导、协同、参与尤其重要。所以，研究课堂教学评价的方向是正确的，更坚定了我们的研究信心，我们会一直坚持下去。

（4）评价是规范，比赛是抓手，STEM教育成长是目标。没有一个标准，比赛就会失去公平，平时授课也是盲人摸象，永远找不到着力点。实践共同体开展的一系列STEM项目比赛活动，从理论到应用，从方法到实践，为教师搭建了一个STEM教育“练兵”的平台。多地教育工作者对STEM教育的核心理念进行了推广和实践，然而，学习效果往往达不到预期，STEM教育理论与实践不相匹配的现象普遍存在。涵盖学前教育、小学、初中、高中学段的一系列评比活动，采用实践共同体研发的“STEM课堂教师教学评价量表”进行线上评分，真正做到了STEM课堂教学评价的科学测量，起到了精准客观、量化过程的作用，教师们深刻感受到评价量表的重要意义。通过评价定规矩，通过比赛做普及，为一线教师提供了一次宝贵的STEM教育案例观察和实践研究的机会。

我们研究评价，就是要改变“STEM是个筐，什么都往里面装”的现状，让STEM有个大家都认可的形象，这样才更有利于STEM教育的普及和发展。

3.应用意义

相对于目前轰轰烈烈的STEM课程开发和实施，在课程进行中或课程结束后，很多学校和教师还是用试卷分数和最终完成作品的方式对学生进行评价。这种简单的评价方式不足以看出学生的综合能力，也无法反映学生在课程实施中的发展情况。因此，STEM教育四位一体评价体系的建立，打破了这个困局，评价可以在不同领域、不同工作层面发挥作用。

（1）为STEM教师成长提供支持。

在2020年9月开展的问卷调查中，共同体325名STEM教师参与调查，认为教师教学评价量表“能规范STEM教学方向”的有258人，约占79.38%。在教师教学评价量表中，过程性评价与结果性评价聚焦课堂，内含STEM学习原理与STEM教师等级标准，无论是STEM教师认定、教师能力比赛、教师任用等，都能作为一个衡量标准。授课教师还可以依照量表，不断提高自己的STEM教学水平，一举多得。

（2）为学生学习STEM提供了方向。

在问卷调查中，实践共同体2245名学生参与调查，认为学生学习评价量表“能规范STEM学习方向”的有1369人，约占60.98%；认为“能让学习思路更清晰”的，有1145人，约占51.00%；认为“能明确STEM培养了学生哪些能力”的有1135人，约占50.56%，说明评价指标真正让学生明白了STEM学习的方向和目标。

学生学习评价量表是对学生在STEM教育实践及创作活动的每一个阶段，包括多学科知识应用、提出创意、引出思考、形成问题、搜集信息、制定策略、协同创作、技能操作、反思总结、表达说明、分享交流等全过程进行评价。

（3）为STEM教育的可持续发展提供动力。

增值性评价可以纵向比较师生STEM能力的发展状况，为学校、师生多元化年度评价提供保障。比如，一所原来STEM教育相对薄弱的学校，有了大的进步就该受到褒奖，而原来STEM教育条件就比较好的学校，如果原地踏步，甚至退步，即使它依然比那些原来就相对薄弱的学校强，也应该受到批评。STEM教育增值性评价就是引进这一原理进行设计的，有了增值性评价，能鼓励更多孩子和学校积极参与其中。

（4）为STEM区域发展提供决策依据。

综合性评价从课程建设、课堂教学、学习环境、活动开展、线性增值五个角度，对学校或区域的STEM发展状况进行全面评估，不以成绩论英雄，体现了公平性、客观性、科学性，能为学校或区域STEM发展及未来规划提供决策依据。

但要注意的是，不同的评价量表所适应的维度不同，评价的领域也不同。在进行评价时，不应机械地套入所有评价方法，而应根据想要评估的内容，使用适当的方法进行评价。

四、STEM教学应用模式实践共同体新生态社区建设成果

(一)共同体新生态社区基本情况

合肥市STEM新生态社区创建于2020年4月,目前共有成员188人,社区小组30个,已达到网站社区小组创建上限。社区成员学校有58所,分别为合肥市学校45所,上海市学校1所,成都市学校12所。社区小组成员单位覆盖安徽合肥市、成都市和上海市,其中合肥市已经实现区域全覆盖。STEM新生态社区有力促进了实践共同体研究成果的形成,起到了明显的辐射引领作用。

(二)创新社区活动开展情况

1.社区目标创新

合肥市STEM新生态社区共分为十二大版块。社区首页通过社区简介,使所有加入实践共同体的单位和成员明确社区建设核心目标是通过创新STEM教育教学方式、STEM空间建设与持续的STEM课堂教学实践,开发出适合学生的STEM课程和STEM教学评价体系,努力让STEM教育惠及最广泛的学生群体,让科学思维与创新能力成为每一个孩子的成长基因。通过异步、同步教研,示范教学等形式形成的社区网校,让偏远地区学生也能享有丰富的STEM教育资源。社区坚持服务学生,培训STEM教师,以"输血+造血"的模式,传承中华优秀传统文化,创新发展新时代文化。社区活动有效地促进了STEM教育活动研讨形式的变革,凸显出教育信息化时代的特色亮点,为传播STEM教育理念奠定了良好的基础。

2.组织形式创新

社区小组采用成员学校之间两两结对的形式,让先进与落后、城市与乡村手拉手,共同创新,共建社区小组资源,为推动STEM教育活动评价

量表积累了宝贵经验。

3.活动开展创新

共同体每两周开展一次活动。每次活动的资料都先上传至社区，分享给所有成员。活动结束后，所有成员要撰写心得体会、活动小结并上传至社区小组，社区相册为保存STEM教育活动图片资料提供了非常有力的保障。

4.专家引领创新

每次活动的开展，我们都会邀请权威专家进行评课指导和微培训。这既是承办学校展示自我风采的机会，也是对全体成员的一次高质量培训。为了鼓励大家深入学习，每次培训我们都安排学习任务，教师完成本次培训的学习任务，即可获得学时和学时证书，有效提高了教师学习STEM的积极性和培训学习的实效。

（三）共同体成员互动情况

共同成员互动情况良好，各成员能够在社区交流版块和社区资源版块进行互动和资源分享，让每次STEM教育活动成果影响力最大化。目前社区资源有768个，小组活动20次，社区投票2次。

（四）STEM实践共同体社区应用策略

如何充分利用STEM实践共同体社区应用价值，带动实践共同体研究项目成果辐射作用呢？重点在于建设并使用好STEM实践共同体社区。

1.简化操作方法

我们制定了详细的STEM实践共同体社区使用操作方法，方便社区成员使用，做到易懂、易学、易操作。

2.社区建设原则

（1）原则一：平等友善。社区成员之间平等友善，勤于思考，本着谦虚谨慎的态度认真对待交流活动，形成实效。

(2)原则二：乐于分享。社区成员之间要善于沟通，乐于分享STEM教育实践活动经验，定期或不定期开展在线讨论活动。

(3)原则三：及时上传。各成员校积极开展活动，并及时上传本校开展的STEM教育活动图片和文字资源。

(4)原则四：活动宣传。及时上传每次开展STEM教育实践活动的新闻宣传材料。

(5)原则五：有创造性。各社区小组建设要有特色，富有创造性。

3.社区评价指标

为鼓励STEM教师加强社区建设，我们每半年对社区小组进行一次评估，并制定了评价标准(见表3-14)。

表3-14 合肥市教育信息化STEM教学应用模式实践共同体应用研究社区小组建设评分细则

一级评价标准	二级评价标准	分值	得分
基础建设	建立社区小组，有专人负责管理	5分	
	社区建设项目有完整的实施方案	10分	
	有健全的管理机制，社区小组建设有计划、有过程、有总结	10分	
	社区小组成员参与度高，积极参与活动讨论，有活动图片、报道、记录	5分	
	社区小组定期开展线上线下研修活动，活动有计划、有过程、有总结	10分	
	活动宣传报道及时(区级1分、市级2分，省级3分，国家级5分)	5分	
	社区小组活动资源定期更新	5分	

续　表

一级评价标准	二级评价标准	分值	得分
基础建设	社区小组工作会议定期召开，有记录	5分	
	积极上传活动图片和报道	5分	
	社区小组阶段性任务完成及时，及时整理汇总上传	10分	
特色建设	社区小组活动效果明显，有成效	10分	
	社区小组项目研究成果丰富	10分	
	社区小组项目研究成果得到广泛应用	10分	

（五）结论

本共同体项目研究，一是丰富了STEM教育活动内涵，进一步促进了培养科技创新人才的探索；二是社区建设文化氛围浓厚，已形成具有本共同体项目研究特色的标志；三是STEM教育活动常态化，每次社区小组活动时，都会上传活动方案、活动报道、活动图片和活动资源等，为其他成员学习借鉴；四是管理制度运行机制化，通过建立运行机制，形成共同体社区建设章程及组织机构，以保障共同体研究活动有序开展；五是线上线下结合创新化，鼓励每个成员在线发布文章、图片和活动资源，不断充实社区建设内涵，丰富STEM教育资源，让引领辐射作用最大化、最优化。

第四章

义务教育阶段小学1—6年级 STEM区本教材体系

第一节　STEM课程教学大纲

STEM是科学、技术、工程、数学四门学科英文首字母的缩写。它打破了传统教学孤立地传授学科知识的做法，更强调跨学科学习；它摆脱了传统意义上的“课本”，更强调面向现实中的具体问题，探究解决问题的思路和方法；它不再过度强调对知识的记忆，更强调知识的综合运用和创新精神。这些都可以说在很大程度上弥补了我国传统基础教育的短板。

从我国目前的人才情况来看，创新型人才、高水平技能人才的缺乏会成为我们经济转型的瓶颈。2016年中共中央、国务院印发的《国家创新驱动发展战略纲要》中，提出国家发展分三步走：2020年进入创新型国家，2030年跻身创新型国家前列，到2050年建成世界科技创新强国。所有这些战略的实现都需要人才的支撑。

从国家层面来看，STEM目前已经进入我国国家课程标准之内。2017年教育部印发的《义务教学小学科学课程标准》中，特别把STEM教育列为新课程标准的重要内容之 。2017年6月，中国教育科学研究院发布《中国STEM教育白皮书》。

创新思维的培养，必须从小抓起。但是，STEM教育目前面临的问题是没有统一的课程标准，没有统一的教材，没有专业的STEM教师。因此，开发教材，研究课程标准，形成一个课程体系，让STEM教育真正落地生根，迫在眉睫。我们的目标就是要通过长期的STEM课堂教学实践，开发出适合中国学生的STEM课程，努力让STEM教育惠及最广泛的学生群体，让科学思维与创新能力成为每一个孩子的成长基因。

2018年课题立项后，课题组就开始研发教材，但是研发的过程艰辛。由于每个教师的思路、思维都不统一，让课题组做了很多无用功。

无规矩不成方圆，课题组认识到，要做好教材，必须先要把STEM课程的性质、基本理念、课程目标、理论依据、课程设置等框架理清楚，才能开发出合格的STEM教材，否则就是盲人摸象。经过三个月的摸索，2019年5月，课题组完成了《义务教育阶段小学1—6年级STEM教育课程教学大纲》的初稿，经过教师们多次研究，从任务取向、方向引领、趣味性等方面对初稿提出修改建议，就撰写中可能遇到的问题进行了深入探讨。

2019年6月初，经过专家指导《义务教育阶段小学1—6年级STEM课程教学大纲》基本定稿，这也成为我们后期研发STEM教材的主要指导性文件。

一、课程性质

STEM课程是以学生实际生活情境和需求为基础，以学生实际生活中发现的问题为契机，以体验、验证、探究、创新等方式解决问题为导向，以培养学生跨学科学习能力、科学探究能力、工程设计能力、创新能力为目标，以培养高阶创新人才、全面提升学生核心素养为目的的综合实践性课程。

（一）科学性

STEM课程紧紧围绕学生身边发现的问题开展研究，应用科学技术手段创新解决实际问题，是基于工程的思维设计。STEM教育鼓励学生对已经学习的科学知识学以致用，通过提出问题—作出假设—确定和控制变量—设计实验验证假设—采集数据及实验现象—解释数据—反复实验—得出结论，在批判与质疑中，培养学生独立思考与判断的能力，培养学生尊重事实和证据，养成实证意识、严谨求知的态度和多角度、辩证分析问题的思维，有效培养学生的核心素养。学生发展核心素养的三个方面（文化基础、自主发展、社会参与）与六大素养（人文底蕴、科学精神、学会学习、健康生活、责任担当、实践创新)同STEM教育的理念与方式高度契合,并且可以很好地相辅相成、相互融合。

(二)实践性

实践活动是学生学习STEM课程的重要方式。不同于传统理论教学,STEM教育的理念充分鼓励学生实践创新,课程设计也是以实践创新过程为主要环节,劳动意识、问题解决、技术运用均得以充分体现。课程把验证、探究、制造、创造活动作为学生学习的重要方式,通过学生亲身经历动手动脑等实践活动,了解科学探究与工程设计的具体方法和技能,理解基本的科学知识,发现和提出实际生活中的问题,并尝试用多学科知识、科学与工程的方法予以解决,在实践中体验和积累认识与改造世界的经验,培养科学家与工程师思维,最终使学生成为未来社会所需要的创新型人才。

(三)综合性

理解自然现象和解决实际问题必然要综合运用不同领域的知识和方法。STEM课程涉及物质科学、生命科学、地球和宇宙科学、技术与工程等四个领域,综合数学、工程、技术、科学等跨学科知识,注重学生多学科综合思维能力的培养,发挥不同知识领域的教育功能和思维培养价值,着力提升学生的工程师思维和动手、动脑、社会实践等综合能力,促进学生全面发展。

(四)协同性

协作与分享,是创客精神的重要体现。STEM教育在收集资料、制作思维导图、分析项目、制作作品、展示成果等环节,都离不开团队合作,学生在彼此相互配合的行动中,逐步培养团队合作能力,在分享成果过程中体验成就感、获得感和幸福感。STEM教育同时鼓励企业、社会、政府等多方合作，积极参与，协同创新。

(五)创新性

STEM课程强调学生自主学习、勇于探究、敢于创新，鼓励学生大胆发挥好奇心和想象力，为了解决问题，能够不畏困难。比如面对大量的前期准备工作——查资料、做调查，后期反复实践测试等，激励学生培养坚持不懈的探索精神，大胆创新，积极寻求有效的问题解决方法。

二、课程基本理念

(一)以人为本，为每一个学生的终身发展奠定基础

STEM课程对于培养学生的科学素养、实践能力和创新精神具有重要的价值。无论学生之间存在着怎样的地区、民族、经济和文化背景的差异，或者性别、个性等个体条件的不同，STEM课程都为全体学生提供适合的、公平的学习和发展机会，力图让每个学生终身受益，成为未来社会需要的新型人才。STEM课程应该是普惠性教育而不是精英教育，这是课程的基本出发点。

(二)倡导项目式学习为主，改变学生传统学习方式，突出学生的主体地位

传统的课堂保持着这样的模式：一支粉笔一张嘴，一支钢笔记到底。在这个过程中，学生和教师都缺乏“任务驱动——解决问题”的激情，死记硬背遏制了教育的生机。项目式学习是一种动态的学习方法，以学生为中心，选取跨学科的主题内容，让学生基于现实情境，解决实际问题，通过教师引导，学生主动探索现实世界的问题和挑战。在这个过程中，学生是学习的主体，在试图解决问题的过程中培养技巧和能力。学生学习方式的改变必将促进教师教学行为的改变，从而避免传

统课堂教学的弊端，更好地促进基础教育改革。

（三）引导学生形成正确的价值观，坚持学生独立思考与积极实践相统一

STEM课程的项目，都是为了解决我们生活中发现的、给人们带来不便的问题，通过学生的独立思考和积极实践，对问题设计重新考量，从而创新性地解决人们的难题。这里充分体现课程的人文关怀，在学习中将正确的价值引导蕴涵在鲜活的生活主题之中，有利于学生正确价值观的形成。探究合作促进了学生创新思维和能力的健康发展。

（四）整合课程资源，实现跨学科融合

跨学科理念能扩大视野，发散思维，有利于在面对各种现实问题时做到全面客观，更好地解决问题。在STEM课程教学中，教师引导学生提出问题，联系学生已有的知识和经验，充分利用学校、家庭、社区等各种资源，创设良好的学习环境，引起学生的认知冲突，引导学生主动探究，启发学生积极思维；而学生对所学知识和方法进行总结与反思，逐步学会在各种资源中选择，合作学习，实现跨学科融合，成为一个具有终身学习能力的学习者。STEM教育努力形成一个与传统课堂相辅相成的、颠覆传统教学方式的教学模式，提升学生核心素养，形成教育新生态。

三、课程设计思路

STEM课程设计遵循国家的教育方针，充分考虑小学生的年龄特点与认知规律，反映国际STEM教育的最新成果，兼顾我国小学科学教育的实际情况。

(一)依据小学生的心理及思维发展特点设置课程难度

低年级的小学生，想象具有模仿、简单再现的特点，到中高年级，他们对具体形象的依赖性会越来越小，创造想象开始发展起来。学生的思维发展从以具体形象思维为主逐步向以抽象逻辑思维为主过渡。因此，课程内容设置采取由易到难、螺旋上升的方式，且每个单元形成纵向思维和知识的横向逻辑，均逐步递进，以适应不同学段学生的知识水平、认知与行为能力水平。

(二)依据STEM教育的性质和特点设置知识板块

结合STEM教育的性质和特点，参考美国《K-12科学教育标准》(学前班至十二年级)和中国《义务教育小学科学课程标准》，将课程内容设置为物质科学、生命科学、地球与宇宙科学、技术与工程四大板块，重在培养学生对科学的兴趣、正确的思维方式和学习习惯。

(三)依据学生认知规律和教学目标设置课程类型

根据不同学段学生的认知规律和教学目标划分，STEM课程分为：验证型、制造型、探究型、创造型。它们不是孤立存在的，而是根据项目性质和学生年龄特点，互相联系，相辅相成。课程整体内容连续，由简单到复杂，由基础到高级，根据难易程度螺旋式上升，以满足中小学阶段各个年级学生不同的生理和心理发展水平。

表4-1　STEM课程分类

序号	类型	内容	描述	目的	特点
1	验证型	验证他人已有结果，没有造物	让学生综合运用STEM知识验证一个已知的理论、现象，其核心是学生通过验证懂得已知科学原理	培养学生对生活、自然界现象的观察和验证	低阶STEM，无探究、无设计、有工程
2	制造型	验证他人已有结果，造有形之物	让学生综合运用STEM知识去完成一个已有概念、形态物品的制造、生产、改良，其核心是学生的工程实践能力、技术能力的培养	培养学生利用工程设计方法对方案与物品的制作、改造	
3	探究型	以问题为导向探索未知，有结果无造物	让学生综合运用STEM知识去主动发现、探究、解释某些未知猜想，其核心是学生的探究过程和结果	培养学生主动思考、提出问题的能力，并掌握科学探究方法	高阶STEM，有探究、有设计、有工程
4	创造性	以问题为导向创新制造，有物化成果	让学生综合运用STEM知识去完成一个创新物品的设计和制造，其核心是工程实践能力、技术能力、创新能力的培养	培养学生在项目式学习中利用多学科知识、技能、方法去创新制造	

四、课程目标

STEM课程的总目标是培养学生的科学探究与工程设计能力，最终成为一名具备科学家与工程师思维、具有解决问题能力和创造力的人，并为他们继续学习、成为合格公民和终身发展奠定良好的基础。

STEM教育旨让学生在课程引导和帮助下达到以下几个方面的目标：

（一）知识与技能

（1）初步学习技术与工程，如利用电子积木模块制作蜂鸣器报警装置、制作追光者小车、设计博物馆警报器、设计电子积木乐器、制作摩斯密码发报机等。

（2）了解地球与宇宙相关知识，如陆地与海洋、观察月相、模拟降雨、风向仪与风速计、地球的运动、水质探究等，通过体验与探究，开阔视野，懂得自然界的自然规律；理解人类生存与生态环境的相互依存关系，认识当今人类所面临的生态环境问题及其根源，掌握环境保护的基础知识。

（3）了解生命科学相关知识，如动植物生存状态、适合蚯蚓生存的土壤环境、人体体征探究、孵化龟鳖蛋、水藻的呼吸与光合作用等与认知水平相适应的科学知识，懂得生命的可贵。

（4）学习物质科学相关知识，如液体密度与物质溶解、书籍与纸张的由来、磁铁、声现象、吸热与放热、连接电路、光现象、蔬菜水果与人类生活等，保持和发展对自然的好奇心和探究热情。

（5）了解数学、工程、技术、艺术、科学等多学科知识与技能，注重积累。

（二）过程与方法

（1）发展学习能力、思维能力、实践能力和创新能力，以及用科学语言与他人交流和沟通的能力；形成尊重事实、乐于探究、与他人合作的科学态度。

（2）具有问题意识，敢于批判质疑；培养独立思考、独立判断能力。

（3）具有工程思维，思维缜密，能多角度、辩证地分析问题、做出选择和决定，能将创意和方案转化为有形物品或对已有物品进行改进与优化等。

(4)能够与时俱进,会运用多种信息化技术,提高技术素养,能够积极适应信息化社会。

(三)情感态度与价值观

(1)在跨学科综合学习中,理解个体成长与国家、社会的关系,树立国家意识和全球意识,拓宽国际视野。

(2)通过解决身边的问题,体会生态环境与人类生存的关系,通过自己的创新,改善环境,爱护环境,形成勤俭节约、珍惜资源的意识。

(3)通过STEM工程实践,形成热爱劳动、注重实践、崇尚科学、自主自立、敢于竞争、善于合作、勇于创新的个性品质。

(4)在主动参加的家务劳动、生产劳动、公益活动和社会实践中,具有改进和创新劳动方式、提高劳动效率的意识。

(5)发掘自身潜力,用创新思维应对所有问题,发展成为有明确人生方向、有生活品质、有爱国情感、负责任的人。

五、实施建议

(一)STEM教学建议

教学是落实本大纲、达成STEM课程目标的主要途径和基本环节。教学的组织与实施,应全面贯彻党的教育方针,以全面培养学生核心素养为导向,坚持STEM课程的理念和要求,贯彻STEM教学原则,提高STEM教学的实效性。STEM教学应以本大纲为依据,遵循中小学生身心发展和创新思维形成与发展的规律。

1.STEM教师培养建议

2018年5月8日,中国教科院STEM研究中心发布了《STEM教师能力等级标准》。由于STEM课程具有跨学科特点,目前多是由有兴趣的其他学科教师兼任。为更好地落实STEM课程标准,必须依据《STEM

教师能力等级标准》，培养适合STEM教学的“五专”教师，即专职授课、专注研究、专门培训、专业学习、专于创新的新型教师。

STEM教师在教学中应准确把握课程的综合性，以学生高阶思维、创新能力成长需要处理的主要关系为线索，将科学、技术、工程、数学等学科内容进行有机整合、科学设计，避免将这些内容割裂开来；应准确把握STEM课程的综合性、科学性，避免概念化、孤立化地传授和记诵知识，使知识的学习服务于学生高阶思维发展的需要。

2. 教学目标建议

培养学生的高阶思维，促进国家创新型人才的培养，是STEM课程的宗旨。小学阶段的STEM教学是为培养学生科学精神、实践创新素养，为培养未来的工程师打基础的，STEM教师应将实践创新能力的培养作为教学设计与实施的最高准则。在确定教学目标时，既要关注跨学科知识，也要关注有利于实践创新的平台设置与资源应用，注重各方面目标的整合与平衡。

高阶思维、科学素养的形成是长期的，只有通过连贯、进阶的STEM学习与实践才能达成。STEM教师应整体把握课程标准、教材的设计思路，了解课程标准、教材在STEM能力培养上的纵向、横向脉络，以及与其他学科的横向关联，知道每堂课的教学目标与学段目标、课程目标的关系，正确定位每节课的教学目标。

3. 教材使用建议

本套STEM教材包括STEM教科书、教师用书、学生用书和教学资源包（含教学课件、器材套件使用微视频、拓展资料等教学资源），教师拿到教材，就能着手上课，为STEM课程的设计、教学及实施提供了很大的便利。由于各个地区、学校的STEM教学资源不同，学生也存在差异，STEM教师应据此对教材做适切性的处理加工，创造性地使用教材，而不是照搬照抄，这是STEM教师专业素养的体现，也是STEM教师发挥创造力的机会。

4.STEM学习场所建议

创客空间、教室均是STEM学习的重要场所。除此之外，还有更广阔的STEM学习天地，如校园、家庭、社区、公园、田野、科技馆、工厂、青少年科普实践基地等，处处是创造之地，时时是创造之时。在这些空间的学习，教师需要根据项目式学习的需要精心选题、精心策划。教师安排学生去时要带上任务清单，确保学生对观察什么、计算什么、操作什么、思考什么都清晰，才能真正让这些空间成为STEM教育的鲜活资源。

5.STEM教育创客器材建议

STEM教育理念是一种新的教育理念，它基于项目式学习方式，让学生通过一个项目综合运用科学、技术、工程、数学等方面知识，解决真实世界中的问题。其中，“创”是核心，因此，完成项目的软硬件主要有创客编程软件Scratch、3D打印机、Arduino实施平台、各类传感器等，现在又引进人工智能等新技术。但在发挥新技术优势的同时，不应忽视真实情境、直接经验对小学生的重要作用。

6.教学活动建议

为了更好地发展学生核心素养，STEM教师要为学生提供多样化的活动、实践和探究机会，让学生在合作探究、思维碰撞中提升核心素养。

(1)设计好项目式学习。

项目式学习是STEM学习的主要方式，是一种以学生为中心的教学方法，它提供一些关键素材来构建一个环境，学生以组建团队的形式在此环境里解决一个开放式问题。教师要注意安排好以下环节：学生合理分组、指导技术使用、合作设计思维导图、探究制作项目、分享成果、评价等。教师必须帮助学生建立敢于接受难题的信心，鼓励学生，并在必要时拓展他们对问题的理解。项目式学习和传统的以讲授为主的教学非常不同，它需要更多的准备时间和材料来指导各个小组的学习，发散、创新、拓展是课堂必不可少的环节。这种学习能锻炼中小学生的创造力、团队合作能力、领导力、动手能力,以及计划和执行项目的能力。

(2)开展好活动,动手动脑练思维。

STEM课与其他课的重要区别在于,很多情况下学生是通过动手做来学习的,比如,做实验,制作模型,观察、测量,种植、饲养,考察、记录等,这些活动不仅是学生喜欢的学习方式,也是学生理解科学、工程、技术等概念的重要经验支撑。教师设计课程时,要搭建平台,让学生动手、动脑相结合。

(3)开展合作探究学习。

合作探究是学习STEM教育的主要学习方式。这种符合儿童天性的学习方式可以激发儿童学习兴趣,有利于加强对科学、工程、技术、数学等跨学科概念的理解,也是培养小学生合作探究能力、创新思维能力、科学精神的有效学习方式。

指导学生进行合作探究学习,应注意以下问题:

第一,重视探究活动的各个要素。科学探究包括提出问题、做出假设、制订与实施研究方案、收集和分析数据、得出结论、表达交流、反思评价等要素。每个要素都涉及多个学科思维方法,只有让学生有机会充分练习这些思维方法,跨学科整合思维才能逐渐形成。教学中要避免程式化、表面化的科学探究。

第二,精心设计探究问题。探究问题的来源有三个途径:学生在身边发现的问题,项目学习中所必须探究的难题,课堂教学中生成的问题。无论问题来自何方,都必须与学生探究能力的水平相符。教师要控制好课堂探究的时间、问题的结构、效果及结论,这对于启迪学生思维、促进创新潜力发展有非常重要的价值。

第三,处理好STEM学习中学生和教师的角色。STEM探究式教学强调以学生为主体,但这并不意味着教师要放弃指导。教师是引导者,引导学生积极参与,启发学生创意灵感;是参与者,学生边动手,教师边指导,培养创新思维；是倡导者，评价学生成果，倡导创客精神，激发学生创新兴趣和欲望。学生是发起人，在教师引导下自主探索、发现问题、提出问题；是创造者，将自己的想法和创意制造成作品，变为现实；是自学者，学生是学习的主体，学生自己做主，通过阅读、听讲、研究、观察、实践等手段使个体持续发展。教师的指导要富于启发性，在教师的提示下学生自己发现问题，所有过程都应该是生成式学习。

另外，学生核心素养包括六大素养十二个维度，不同的素养要通过不同的学习活动加以培养，STEM教师应尽可能掌握多种教学方法和策略。教师要多采用能激发学生兴趣、符合学生认知发展规律，以及能充分调动学生积极性的教学方法和教学策略，使学生愿意主动学习，如做创客小导师、戏剧表演、科学游戏、模型制作、现场考查、辩论会、小组竞赛等，都是STEM学习的有效方式。

（二）STEM教育评价建议

教学和评价是STEM课程实施的两个重要环节，相辅相成。评价既对STEM教学效果进行监测，也与教学过程相互交融，从而促进学生高阶思维及创新能力发展目标的达成，确保课程实施的质量，促进学生核心素养的发展。

1.评价原则

（1）过程性原则。过程性评价，是对学生在STEM教育实践及创作活动的每一个阶段，包括多学科知识应用、提出创意、引出思考、形成问题、搜集信息、制订策略、协同创作、技能操作、反思总结、表达说明、分享交流等全过程进行评价。通过活动数据，真实有效地记录学生在学习及动手实践过程中的情况，及时发现问题，及时反馈与纠正。教师要重视在评价中反映出的学生在态度、价值观、方法、能力等方面的变化和进步，关注学生能否在问题的提出和解决过程中主动获取知识和用知识实现想法。

（2）目标性原则。STEM课程目标能否实现是课程设计成功与否的标志，对问题的解决度或项目目标达成度，可以从知识结构与运用、跨学科创新、效度（时长多少、成本高低、能耗大小）、信度（社会影响、安全性能、作用意义）等几个维度来测量和评价，从而更好地把握课程设计的方向和目标。

（3）多维度原则。根据STEM和创客实践过程以及协作的需要，评价者有教师、学生、学生小组、家长等。将学生自评与互评相结合，教师评价与家长评价、社会评价相结合，使评价成为多方合作和交互活动的过程。

2. 评价标准

评价标准分为教师教学评价和学生学习评价两个维度，教与学相辅相成，互相促进。（见本书第三章“STEM教育四位一体评价体系”相关内容）

3. 评价方式

（1）多维度评价：学生在发现问题、搜集证据、分析数据、整合创新、解释结论、反思分享各环节的参与性、协作性、坚韧性。

（2）过程性评价：使用量表、行为观察和知识测验等形式对STEM项目实施过程中的各维度活动数据进行测量和评价。

（3）结果性评价：对问题的解决度或项目目标达成度，从知识结构、知识运用、跨学科创新等维度进行测量和评价。

六、课程设置

（一）教材整体规划设计

1. 年级与学段

小学1—6年级均有STEM教材，每个年级有2套书（上、下学期各1套），每套书包括2个主题项目。

2. 教材形式

每套书分为STEM教科书、教师用书、学生用书和教学资源包。

(1)STEM教材：STEM教师教学课程，分年级、章节。

(2)教师用书必要内容：引导性课程内容(图文素材)、材料与仪器清单、实践(科学探究、工程设计)过程记录与结果展示、教学环节指导建议、补充阅读、教师教学情况评价表等。

(3)学生用书必要内容：安全手册、引导性课程内容(图文素材、问题)、实践(科学探究、工程设计)过程记录与结果填充、补充阅读、学生学习情况评价表等。

(4)教学资源包：含课时的课件、教学设计、教学参考等电子资源。

3. 单元与课时安排

每个主题分为3个章节含3 ~ 4个课时，具体以实际情况为准。

4. 配套电子资料

电子版教材、图片素材、视频素材、课件素材。

(二)课程主题设置

各年级STEM课程教材情况如表4-2至表4-7所示。

表4-2　一年级STEM教材情况

序号		项目名称	章节名称	课程目标	学科领域
上册	主题项目一	保护铅笔芯	铅笔芯怎么断了	了解并分析铅笔芯材质特点	物质科学
			你的铅笔芯保护计划	知道材料的简单特点并合理使用	
			我们成功了吗	知道摩擦力的存在，并检测小组方案	

续　表

<table>
<tr><th colspan="2">序号</th><th>项目名称</th><th>章节名称</th><th>课程目标</th><th>学科领域</th></tr>
<tr><td rowspan="3">上册</td><td rowspan="3">主题项目二</td><td rowspan="3">做一顶好看的帽子</td><td>帽子怎么做</td><td>了解帽子特点，掌握基本测量方法</td><td rowspan="3">物质科学</td></tr>
<tr><td>制作属于自己的帽子</td><td>设计并制作自己的帽子，认识几何图形</td></tr>
<tr><td>我们的帽子怎么样</td><td>体验帽子设计的合理性和美观性</td></tr>
<tr><td rowspan="6">下册</td><td rowspan="3">主题项目一</td><td rowspan="3">种子变身记</td><td>走进植物及种子的世界</td><td>认识生活中常见的种子，并了解种子萌发条件</td><td rowspan="3">生命科学</td></tr>
<tr><td>我要萌芽</td><td>用对比实验的方法观察、记录影响种子发芽的条件</td></tr>
<tr><td>种子长大了吗</td><td>通过讨论和描述，多种形式呈现种子生长过程</td></tr>
<tr><td rowspan="3">主题项目二</td><td rowspan="3">室内无土栽培</td><td>无土栽培的秘密</td><td>了解植物的无土栽培，无土栽培的植物有哪些。探究不同可无土栽培景观植物种子生长的必要条件与环境，思考无土栽培的方法，记录生长过程</td><td rowspan="3">生命科学</td></tr>
<tr><td>我能解决这个问题</td><td>设计无土栽培景观绿植方案并记录植物生长的过程</td></tr>
<tr><td>美化教室</td><td>对比观察各组有土栽培与无土栽培景观植物生长的情况，美化教室</td></tr>
</table>

表4-3　二年级STEM教材情况

<table>
<tr><th colspan="2">序号</th><th>项目名称</th><th>章节名称</th><th>课程目标</th><th>学科领域</th></tr>
<tr><td rowspan="6">上册</td><td rowspan="3">主题项目一</td><td rowspan="3">维生素C大比拼</td><td>如何公平比较</td><td>了解如何公平、科学地比较两件物品</td><td rowspan="3">生命科学</td></tr>
<tr><td>设计一个科学实验</td><td>掌握简单计量单位的使用</td></tr>
<tr><td>我们的实验成果</td><td>学会总结并分享实验数据</td></tr>
<tr><td rowspan="3">主题项目二</td><td rowspan="3">校园植物标本集</td><td>走近植物</td><td>了解植物的不同部位特征</td><td rowspan="3">生命科学</td></tr>
<tr><td>我能制作一个植物集</td><td>合理采集植物组织并学会简单介绍</td></tr>
<tr><td>我们成功了吗</td><td>掌握植物标本集的简单制作</td></tr>
<tr><td rowspan="6">下册</td><td rowspan="3">主题项目一</td><td rowspan="3">班级垃圾分类处理方案</td><td>垃圾怎么处理</td><td>了解垃圾分类知识</td><td rowspan="3">地球与宇宙科学</td></tr>
<tr><td>班级垃圾分类处理方案</td><td>了解自己班级垃圾种类，合理进行分类</td></tr>
<tr><td>方案评一评</td><td>介绍自己的方案，体验演讲乐趣</td></tr>
<tr><td rowspan="3">主题项目二</td><td rowspan="3">我是船舶建造师</td><td>船的秘密我知道</td><td>通过实验知道哪些材料适合制作船只模型，运用思维发散图了解不同类型的船具有共同的特点</td><td rowspan="3">技术与工程</td></tr>
<tr><td>制造一艘船模型</td><td>能够独立设计和画出船的模型图，并运用科学语言表达自己设计的亮点和特色</td></tr>
<tr><td>你的船成功了吗</td><td>能运用探究实验发现船的载重能力和船的形状之间的关系，并通过评价量表总结经验，改进项目</td></tr>
</table>

表4-4　三年级STEM教材情况

序号		项目名称	章节名称	课程目标	学科领域
上册	主题项目一	校园用水大调查	如何进行调查	了解调查形式	地球与宇宙科学
			调查开始	学会设计简单的调查活动	
			分析调查结果	学会并掌握简单的数据处理	
	主题项目二	制作净水器	净水的方式	了解水中杂质特点，知道净水方式	技术与工程
			制作我们的净水器	了解不同材料特性，学会制作过滤净水器	
			净水效果好吗	了解实验对照组作用，学会进行科学比较	
下册	主题项目一	香蕉的铠甲	香蕉经历了什么	知道香蕉的特点并学会结合现实情况进行分析	物质科学
			我能解决这个问题	掌握立方体的测量与制作	
			我们成功了吗	了解物品包装的实际意义并测试自己的作品	
	主题项目二	进阶红绿灯	交通安全保护我	独立查找和分析归纳交通安全和色盲的相关知识，并对问题进行主要影响因素分析	物质科学
			交通信号我来做	理解交通信号灯的设计原理，设计并制作色盲红绿灯	
			我们的红绿灯有用吗	向大家介绍自己的作品及设计理念，测试自己的作品并改进	

表4-5　四年级STEM教材情况

序号		项目名称	章节名称	课程目标	学科领域
上册	主题项目一	食盐含碘便携检测方案	小身体,大魔法	简单了解食盐含碘的检测方法	生命科学
			我能解决这个问题	学会运用科学原理,合理使用相关材料并撰写使用手册	
			我们成功了吗	正确表达自己小组的制作思路及过程	
	主题项目二	进阶门铃	问题在哪儿	认识“五感”的作用,分析解决关键	技术与工程
			我能解决这个问题	了解并掌握简单的编程	
			我们成功了吗	掌握编程的测试及优化	
下册	主题项目一	智能垃圾桶	垃圾桶的工作	发现并了解垃圾桶存在的问题	技术与工程
			让垃圾桶智能起来	学会使用传感器模块进行编程	
			垃圾桶智能了吗	学会测试产品性能,了解性价比概念	
	主题项目二	博物馆自动灯光设计	走进博物馆	认识文物,了解有关灯光的知识,探究光线强弱对博物馆文物的影响	技术与工程
			设计自动灯光装置	认识光敏电阻和光照传感器,理解自动灯光设计装置的原理,运用该原理设计搭建装置	
			测试改进自动灯光装置	学会测试改进自动灯光装置	

表4-6 五年级STEM教材情况

序号		项目名称	章节名称	课程目标	学科领域
上册	主题项目一	教室空气净化器	室内空气污染源	了解空气污染的主要污染物	地球与宇宙科学
			我能解决这个问题	认识物理净化空气原理	
			我们成功了吗	掌握空气净化器检测实验方法	
	主题项目二	城市道路积水提醒装置	城市积水状态	了解城市地理环境,分析解决突破点	技术与工程
			如何进行水位提醒	了解编程及电路知识	
			测试并改进装置	学会结合实际情况测试并改进相关装置	
下册	主题项目一	草木本色	五颜六色的植物	认识五颜六色的植物及植物色素	生命科学
			植物染色方案	了解传统草木染工艺并进行简单创新	
			效果怎么样	正确表达并展示自己的作品	
	主题项目二	智能茶壶	茶壶里的小奥秘	了解有关茶文化及温度对人们身体健康产生的影响,探讨有利于健康的最适茶水温度区间,并树立生命安全意识	技术与工程
			我能解决这个问题	根据温度提醒装置的工作原理,在提供的材料中选择需要的材料,对制作过程进行设计,并小组讨论出最佳方案,开始实施	
			我们成功了吗	能够用流利的语言描述小组作品,并从多方面评价各个小组的作品;根据建议设计改进方案	

表4-7　六年级STEM课程教材情况

序号		项目名称	章节名称	课程目标	学科领域
上册	主题项目一	安全行走	如何才能不滑倒呢	了解摩擦力及摩擦系数的概念	物质科学
			我能安全行走	了解材料及压力对摩擦力的影响	
			行走足够安全了吗	知道结合实际检测方案的可行性	
	主题项目二	智能浇水装置	盆栽的生命来源	了解植物对水的需求	技术与工程
			为盆栽提供智能装备	掌握简单的编程知识并运用	
			我们成功了吗	学会测量并结合显示调节相关程序	
下册	主题项目一	校园地图	地图里的小奥秘	了解地图中需要具有的各种要素和各种类型的地图，分析我们制作校园地图需要考虑的因素	地球与宇宙科学
			绘制校园地图	能够根据提供的材料(或者可以找到的材料)和标准，制定绘制方案并设计各要素的图案，考虑度量方式等	
			我们成功了吗	在地图上选择一个位置，由测试小组根据地图的指引到达目的地，并说明对地图的使用体验(优点及缺点)，进行改进并展示	
	主题项目二	智能车库	车库的奥秘	通过阅读背景资料了解车库现存的问题，根据小组讨论结果能大致绘出智能车库的示意图	技术与工程
			动手制作智能车库	能根据现有材料和设计图制作智能车库，并能够运用科学的语言表达设计智能车库的亮点	
			我们成功了吗	能运用实验测试智能车库是否达到设定的目标	

第二节　义务教育阶段小学1—6年级STEM区本教材案例展示

一、低年级STEM教材介绍

(一)低年级STEM教材的课程类型简介

1.课程类型:验证型(一、二年级)

验证型课程是让学习者通过综合运用STEM知识验证一个学习者已经明确的结果,其核心是学习者的验证过程和方法而非结果。

2.验证型课程目标实施路径

(1)明确问题:已知结果的验证,由教师或学生提出。

(2)设计方案:确定要验证的现象,再根据现象设计合适的验证方案,其核心是实现现象的可观察或可记录性。

(3)实施方案:重点是现象的观察和记录,遇到无法解决的状况要回到步骤(2)重新设计。

(4)分析数据:结合必要的现象和定律得出本次验证的结果,如果无法验证,分析原因,并回到步骤(2)重新设计和实施。

(5)总结分享:总结方案的有效性和可改进性,并分享验证过程,总结本次验证掌握的技能。

(二)低年级教材案例《维生素C大比拼》设计思路

一、二年级学生好奇、好动、喜欢模仿,是小学生形成自信心的关键期。他们特别信任教师,并且思维有直观、具体、形象等特点,但情绪不稳定,容易冲动,自控力不强,很难做到专心听讲。

依据一、二年级学生的生理和心理特点及认知规律,设置的课程内容要简单易懂。

此外，一、二年级学生识字不多，为防止阅读障碍，所以教材设置了拼音，画面也活泼多彩，可读性强，符合一、二年级学生的阅读习惯和认知特点。

附：STEM教材案例——《维生素C大比拼》

背景介绍

一天，小新在家里看电视，电视上的广告都在宣传他们的果汁饮料里含有很多的维生素C。于是，小新想比较一下谁家饮料里含有的维生素C更多，他该怎么比较呢？

第一课　如何公平比较

找到问题

——小新的问题是什么？

——果汁饮料中维生素C含量的比较。

问题指南针

维生素C和碘伏的奇妙反应。

试一试

将一片维生素C药片加一试管水溶解，然后缓慢加入碘伏中，观察现象，将你的发现和同学们分享一下吧。如果加入更多的维生素C效果会怎样？

图4-1　碘伏与维生素C的变色反应示意

实验说明，越多的维生素C需要消耗越多的碘伏才能变成无色。

问题解析——比较的公平性

跑步比赛时，为了公平通常会用“同样的路程，时间少的是冠军”或者“同样的时间，跑得远的是冠军”的方法来比较。

那么，在比较果汁中的维生素C含量时，我们应该怎样保证公平呢？即如何合理地收集反应前后颜色变化、溶液量的变化等数据。

1. 原理。总结一下“问题指南针”中检验维生素C的方法。

2. 实验操作（安全，科学度量）。你该怎样准确描述你使用了多少碘伏？

3.数据记录（记录实验过程中的数据，比如跑步比赛中需要记录时间、距离等）。你该记录哪些实验数据？

总结一下

根据你的理解说一说我们需要注意什么？

1.待测果汁饮料的体积要相同。

2.及时搅拌液体。

3.使用同一型号的碘伏。

4.用碘伏的滴数来作为判断依据。

5.饮料开瓶后放置时间过长，维生素C含量会下降。

拓展阅读

维生素C是我们人体必需的一种营养物质，由于人体自身不能合成，所以必须从食物中摄取。几百年前的欧洲，在哥伦布远航探险期间，很多船员都得了一种怪病，主要症状包括皮下出血，骨骼疼痛，再发展成高烧不退，直到死亡。后来有船员在荒岛上吃了一种野果，居然把这种怪病给治好了。其实，这种怪病就是“坏血病”，而野果中的维生素C，成了治病的关键。

第二课　设计一个科学实验

实验准备

维生素C饮料样本、碘伏、刻度试管、量筒、烧杯、注射器、废液缸、试管架、滴管、白纸、笔、手套、围裙、护目镜、标签纸。

我们的目标

满足以下条件才可以认为你成功了！

1. 正确比较几种饮料中维生素C含量的多少并进行排序。

2. 保证你的实验是科学公正的。

3. 你记录的数据是完整且精确的。

头脑风暴

科学家在开始实验前要对实验进行构思与设想。开动你的小脑筋，像科学家一样，根据提供的材料和上面的分析设计一个实验吧！将你的想法写下来或者画出来吧！

表4–8　实践过程设计表

实验目的	比较几种饮料中维生素C含量的多少
实验用品	维生素C饮料样本、碘伏、刻度试管、量筒、烧杯、注射器、废液缸、试管架、滴管、白纸、笔、手套、围裙、护目镜、标签纸
实验过程	(方案能合理解释即可，头脑风暴产生的创意可以是各种各样的) 方案一思路：把碘伏溶液倒入饮料瓶中，记录倒入的体积； 方案二思路：取相同体积的果汁饮料到杯中，滴入碘伏，记录滴入的滴数； 方案三思路：滴入相同滴数的碘伏至同体积的饮料中，比较溶液颜色的深浅

方案展示

简单地向你的同学描述你的方案吧！

方案实施

在实验之前，思考一下你应该记录哪些数据，实验时把它们写在实践过程记录表上。现在，小组合作，按照你的方案开始实验吧！

表4-9　实践过程记录表

序号	名称	体积/mL	颜色（滴加前）	碘伏滴数	颜色（滴加后）
1	海晶柠檬	20	无色	23滴	浅黄色
2	蜜水柠檬	20	无色	11滴	浅黄色
3	蜜水百香	20	无色	9滴	浅黄色
4	蜜水白柚	20	无色	9滴	浅黄色
5	……	—	—	—	—

注意事项

1. 戴好护目镜、手套、围裙等防护用品。

2. 禁止品尝饮料和碘伏等实验用品。

3. 液体远离插座，保证桌面干净。

4. 不要打闹嬉戏，有问题寻找老师帮助。

拓展阅读

寻找答案应使用科学方法，科学方法包括如下步骤：

1. 提出问题：提出一个想要解答的问题。

2. 做出假设：猜想一下问题的答案。

3. 设计一个公平的实验：只改变一个条件，保证其他条件都相同。

4. 进行实验：验证你的假设。多做几次实验，看看是否每次的结果都一样。

5. 收集和记录数据：记录下你的发现（可以借助文字或图画）。

6. 说出你的结论：观察实验结果，判断你的假设是否正确，说一说你的判断。

7. 深入研究：利用所学知识，提出新的问题或更好的实验方法。

注:科学家们有时候会按照不同的顺序采用这些步骤,有时候也会省略其中的某些步骤。

第三课　我们的实验成果

分析一下

根据你记录的数据,将果汁饮料按照维生素C含量从高到低排列出来。

成果汇报

科学家研究出一项发现后会进行成果发表或者进行一场汇报。小组合作,准备一个成果汇报会吧,向你的同学和老师介绍你的探究成果。

做得更好

汇报中同学和老师的意见会让你的实验更加完善,总结一下你接下来准备如何改进你的实验。

1. 颜色变化不够明显时,可以在杯子下面垫一张白纸。

2. 把饮料倒入两个杯子中,向其中一个杯子中滴加碘伏,可以对比碘伏滴加前后的颜色。

课外活动

在本次课程中,相信你已经掌握了一些实验方法,请设计一个实验,比较一下几种水果中的维生素C含量多少吧!

拓展阅读

如何科学补充维生素C

人们每天需要多少维生素C才能满足身体的需要呢?《中

国居民膳食营养素参考摄入量》推荐，成年人每天需要摄入100毫克维生素C，相当于5到6个鲜枣或1到2个猕猴桃。除了水果，蔬菜中的维生素C含量也非常可观，尤其是深绿色蔬菜和辣椒都能达到每百克70毫克左右的维生素C含量。此外，水果、蔬菜中的维生素会随着时间流逝而迅速流失，水果、蔬菜放置一周时间，维生素C含量就会减半。所以，最好吃天然、应季和新鲜的水果和蔬菜来补充维生素C。

二、三年级STEM教材介绍

（一）三年级STEM教材的课程类型简介

1.课程类型：探究型（三年级）

探究型课程是让学习者通过综合运用STEM知识去发现并解释某些学习者未知的现象，其核心是学习者的探究过程及结果。

2.探究型课程目标实施路径

（1）发现问题：学习者自己去寻找问题。根据教师限定条件的多少，学习者发现的问题具有一定的指向性，但绝不能是限定的。发现问题的能力也是STEM素养的重要组成部分。

（2）收集证据：一是直接观察类；二是仪器记录类；三是设计交互类，设计专门的交互方案，通过不断的交互完成环境的准备、问题现象的触发和对应数据的收集工作。

（3）分析数据：可以采用结论推导的方法，也可以采用猜想验证的方法分析数据，数据分析的成果是可以描述的现象或规律。

（4）解释结论：必须从理论的角度来解释观察到的现象或规律，否则极有可能得到错误的结论。考虑到解释结论可能超出学习者的能力范围，故相互协作和教师支持是必需的。

(5)总结分享:反思探究问题的可渗入性及可迁移性,培养更好的问题发现能力,归纳整个证据收集过程和数据分析过程使用的方法,考虑必要的改进,同时完成相关方法和结论的发布分享。

(二)三年级教材案例《校园用水大调查》设计思路

八九岁是孩子情感发生变化的转折时期,从情感外露、浅显、不自觉向内控、深刻、自觉发展。但其情绪控制能力还是有限的,需要家长和教师的悉心呵护和耐心引导。由于交往范围扩大,认识能力不断提高,孩子遇到的各种困扰也随之而来,开始产生不安情绪,家长和教师需要及时帮助孩子解决问题。

依据三年级学生的生理和心理特点及认知规律,STEM课程设置为探究型课程。课程内容比一、二年级难度略有提高,如水对人类的价值和意义不言而喻,但是地球上的水资源问题又比较严重,如何做到节约用水?提高孩子们的节约意识和环保意识很重要。通过对自己身边的校园用水调查,探究用水的渠道及节水的技巧,让学生懂得如何保护水资源,意义重大。

随着学生识字水平的不断提高,阅读已没有大的障碍,所以从三年级开始,教材不再设置拼音,画面设置灵活,可读性强,符合三年级学生的阅读习惯和认知特点。

三、四年级STEM教材介绍

(一)四年级STEM教材的课程类型简介

1.课程类型:制造型(四年级)

制造型课程是让学习者通过综合运用STEM知识去完成一个已有形态物品的生产和改良,其核心是学习者的工程实践能力的培养。

2.制造型课程目标实施路径

(1)情境引入:一方面是理解将要完成的物品的应用价值,激发学习者的参与热情;另一方面是使其更好地领悟物品的应用场合,激发改进热情。

(2)设备培训:设备包括工具、零件和材料。培训只针对本次将会用到的功能做简单的介绍,让学习者在后面的模仿中深入学习,重点强调设备使用的安全规则。

(3)模仿制造:关键是让学习者尽快完成制造,感受制造带来的快乐。教师在这个环节只需要描述怎么做,不需要讲解其中的原理和知识要求,学习者自然会跟着模仿,无需深入思考,从而尽快达成目标。

(4)协同改进:了解所完成作品的工作原理和应用情境后,有可能激发学习者的创新意愿,通过小组协作改进原有设计,制造出更有价值的作品。

(5)总结分享:总结掌握的技能、设计思路及改进方式,并通过与不同学习者之间的分享交流,享受制造的乐趣,提升参与制造的热情。

(二)四年级教材案例《进阶门铃》设计思路

9~11岁是儿童成长的一个关键期,大脑发育处在内部结构和功能完善的关键期,在小学教育中正好处于从低向高的过渡期,生理和心理变化明显,是培养学习能力、情绪能力、意志能力和学习习惯的最佳时期。四年级学生注意力的目的性增强,注意力保持的时间更持久,注意力的稳定性由15~20分钟提高到20~30分钟,可以胜任更复杂的学习任务。这一时期孩子的记忆力、理解能力、思维能力和表达能力快速发展,归类、对比和推理等能力开始增强,对学习能力的培养会起到事半功倍的作用。孩子从被动学习向主动学习转变,有了自己的想法,但辨别是非的能力还有限,社会交往经验缺乏,经常会遇到很多难以解决的问题,是不安的开始,如果不注重引导,学生可能会因为一些小的困扰干扰了学习，逐渐对学习失去兴趣。通过正确的教育，将这种不安转化成对自然和社会的探索激情和求知欲望，学生的综合能力会得到快速提高，在学习的旅途中将会实现一次深刻转折，从此踏上成功的人生之路。

依据四年级学生的生理和心理特点及认知规律，STEM课程设置为制造型课程。课程内容比三年级难度略有提高。如《进阶门铃》，门铃学生天天接触，就在身边。如何通过门铃创新，准确识别家人还是陌生人，这就要求学生通过创客套材的使用及自己的思考，创新解决实际问题。制造型课程培养学生的创新思维和设计思维，让创新能力在制造过程中实现质的飞跃。

四年级开始使用Arduino UNO、蜂鸣器、红外遥控模块、按钮模块、LED模块、震动模块、杜邦线、传感器扩展板、USB线、硬纸板、彩卡纸、热熔胶枪等创客器材，并开始将编程引进教材。课程的设计让学生跳一跳就能达到目标，符合苏联教育家维果茨基提出的“最近发展区”理论。

四、高年级STEM教材介绍

（一）高年级STEM教材的课程类型简介

1.课程类型：创造型（五、六年级）

让学习者通过综合运用STEM知识完成一个创新物品的设计和制造，课程核心是创新的设计。

2.创造型课程目标实施路径

（1）创意引导：目标是完成一个创新物品的设计和制造。创新来自生活中的问题，教师需用极具吸引力的情境激发学习者从中寻找需求、明确创造方向。

（2）创新设计：画设计草图，把创意变成具体的项目设计。课程从两方面引导，一是创新方向，根据学习者确定的创新目标提供可行的方向和思路指导，具体创造行为由学生完成；二是创新的可行性分析，防止设定一个无法实现的创新目标。

(3)协同制作：用小组协作的方式，让每个成员从自己的兴趣出发，完成作品的结构、机械、电子、传动、外观、动力、人机交互等方面的设计，并进行必要的评估。设计—评估—再设计是一个迭代过程，直到得到一个大家都认可的设计方案为止。

(4)应用分享：鼓励学生进行必要的产品文稿设计和展示包装，并进行分享，把作品放到现实中进行有效性验证，创客作品展示有助于个体认知发展为集体认知，形成集体智慧。

(5)总结评价：激励性评价，关注学习过程、创客精神和学习方法指导。通过分享和分享中与观众的互动，让学生喜欢创新并反思作品的进一步改进方案。

(二)高年级教材案例《植物本色》设计思路

五、六年级学生的视觉和听觉感受性已发展到一定水平，感知事物的目的性比童年阶段明确，感知事物的精确性也有所改善。因此，STEM课程学习时应相对提高难度和标准。学生集中注意能力有所发展，集中注意力、专心致志的时间可达25分钟左右，并且注意分配能力也有所提高，在注意腿的动作同时，还能注意到手或脚的动作，注意上下肢动作的同时，还能注意到重心的变换。学生的有意记忆在不断发展，开始由教师布置任务的记忆过渡到自觉的记忆。虽然学生的具体形象思维在逐渐向抽象逻辑思维过渡，但仍然同直接与感性经验相联系，具有很大成分的具体形象性，仍习惯于模仿实际动作。因此，需加强启发式教学，发展学生比较、分析和综合思维的能力。学生的集体意识显得更强烈，与其他小组的对抗意识越来越强。

依据五、六年级学生的生理和心理特点及认知规律，STEM课程可以设置为创造型。设置的课程内容比三、四年级的难度再略有提高。如《植物本色》,植物拥有丰富的色彩,如花、叶、果实、皮等呈现的颜色丰富多彩,这些天然色素是如何形成的？如何在生活中变颜色为宝贝,不仅是知识的拓展,还涉及化学、物理变化等科学原理。

本课程的开设还意在把艺术、人文学科也引入STEM课程,使课程延展面更广。本节课中,学生需要尝试提取植物色素,准备材料有植物,手帕,烧杯、搅拌棒等实验器材,酒精、明矾、食盐等实验药品,以及衣架、橡皮筋,棉线等辅助工具。小实验不断激发学生的探究热情,动手染色既是实践又是创新,对于学生创新思维的发展是个不断锤炼的过程。

五、教师用书、学生用书解读

(一)教师用书

教师用书就是教师授课的教学设计,便于教师授课,包含引导性课程内容(图文素材)、实践(科学探究、工程设计)过程记录与结果展示、教学建议、拓展阅读、教师教学情况评价表等。同时还有每课时教材上的问题答案提示,引领教师备课方向,减少授课误差。

附:STEM教师用书案例——《进阶门铃》

第一课 《问题在哪儿》教学设计

内容介绍

《进阶门铃》是瑶海区STEM区本教材四年级上册的主题内容之一,体现了课程标准中的创新精神。门铃与实际生活紧密相连，贴近生活实际，从生活中来，到生活中去。以日常生活中常见的门铃作为切入点，引导学生留心观察生活，改造生活，从而培养学生创新思维和动手实践的能力，以适应未来社会的发展变化。

1. 了解门铃的历史文化和一般特点。

2. 思考从其他感官入手，改造门铃。

3. 小组合作制作改造门铃，并安装美化。

教学建议

1. 本单元贴近生活，上课前请学生走访调查、翻阅资料，回忆生活中见过的门铃种类。

2. 思考门铃的组成部分和一般特点。

3. 简单装饰门铃，提升学生的审美水平，激发学生兴趣。

教材分析

1.《问题在哪儿》是本主题的第一单元，根据发现问题、探究问题、解决问题的逻辑顺序，本主题共计三个单元。

2. 通过本节课的学习：学生能简单认识常用传感器，能跟随课程进度发现问题、探究问题直到解决问题。

学情分析

四年级学生喜欢动脑筋、爱动手，具备一定的观察能力，他们对世界有着强烈的好奇心和探究的欲望。他们乐于动手操作具体形象的物体。本单元的课程贴近生活，从学生熟悉的场景入手，在教师的引导下，学生能更细致地观察、实践并获得知识，从而发展能力、培养审美。

运用小组合作的学习方式能达到更好的学习效果，它考查学生的团队协作能力、集体探究思考能力，学生获得的知识将比通过传统学习方式获得的知识印象更深刻。

教学目标

1. 认识过去和现在的门铃。

2. 认识门铃的一般特点。

3. 掌握常见传感器的使用。

教学重难点

1. 教学重点：认识门铃的一般特点。

2. 教学难点：分析门铃安装要考虑的实际情况。

教学准备

1. 教师准备：教师用书、材料包、多媒体课件。

2. 学生准备：学生用书、材料包、文具。

教学过程

一、情境导入

导入语：同学们，你到朋友家做客是怎样提醒主人开门的？

思考：按门铃会给我们带来哪些方便？你知道古时候的"门铃"是什么样的吗？

二、教学新课

(一)寻找问题

门铃会给人们带来便利，但是……(讲述背景故事)

思考：故事里的门铃出现了什么问题？该怎么办呢？

(二)案例分析

(展示案例图)

思考：图中门铃是怎样提醒人们的？

讨论：你还知道哪些其他提醒方式的例子吗？这些例子

都是通过哪些感官来提醒人们的？

（三）问题解析

讨论：除此以外，门铃还有哪些方面需要考虑？又该怎样解决呢？

（四）现学现用

讨论：你认为哪些因素会成为你们小组方案设计的决定因素？

（五）检验标准

讨论：怎样判断设计方案是否可行？

拓展阅读

无线门铃是一种新型产品，相信有不少朋友对无线门铃原理、电子对讲门铃安装，都十分关注，下面我们就来给大家作一个详细介绍。

如今，无线门铃以其简单灵活的特点受到人们的青睐，在公寓、别墅、酒店与办公室里无线门铃都得到了广泛的运用。

无线门铃原理：通常无线门铃由室外机、室内机和锁控制器三部分组成，它将麦克风采集的语音与摄像头采集的图像信号，进行增强与压缩，再将处理好后的信号通过无线的方式发射出去。

电子门铃和对讲门铃，都是利用无线技术（如蓝牙、Zigbee、WIFI等）开发出来的，所以安装时都不需要布线，十分灵活简单，但电子门铃和对讲门铃安装后的传输会受到传输距离和现场环境的影响哦！

参考答案

问题一：小飞遇到的问题是什么？

参考答案：现在的门铃无法满足家庭的需求，在特殊情况下听不见敲门声。

问题二：总结案例图特点，根据你的观察，说出其他案例。

参考答案：主要围绕警示、提醒作用展开即可，从人的视、听、嗅、味、触五感出发进行汇总。如视觉上，灯在闪动；听觉上，听到门铃的响声；嗅觉上，闻到一股香味或臭味；味觉上，酸甜苦辣；触觉上，运动手环震动。

问题三：针对小飞的问题，利用思维导图分析门铃还可以在哪些方面进行改进。

参考答案：

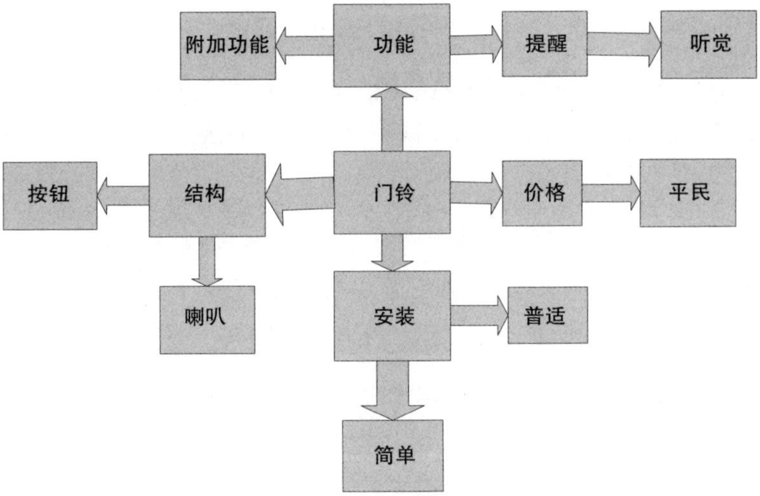

图4-2　门铃的改进

问题四：总结上文的分析内容，说说我们解决这个问题还需要注意哪些部分？考虑哪些因素？

参考答案：功能、安装特点、结构、使用习惯、使用人群、使用寿命等。

问题五：你打算怎样检验方案是否可行？

参考答案：价格上，成本合理；功能上，功能齐全；外观上，简洁美观。（本设计危险性较小，可结合实际应用进行测试，学生需要考虑测试的科学性，严谨即可。）

教师教学评价量表

通过STEM评价系统进行评价。

第二课　《我能解决这个问题》教学设计

内容介绍

1. 通过观察与讨论，对门铃的改造提出初步设想。

2. 编写程序，模拟运行。

教学建议

1. 充分发挥小组合作的优势，让学生在小组讨论中不断产生思维的火花。

2. 将设想通过程序编译模拟实现。

教材分析

1. 教材通过生活中的小故事引入主题，请学生联系生活，深入学习各种传感器，掌握解决问题的一般程序和规律，提高学生对问题的灵敏度。

2. 培养学生主动观察生活、发现生活中的小问题，并用已有的经验解决问题。

教学目标

1. 知识与技能

（1）认识传统门铃的触发原理，了解其他常用传感器的原理。

（2）运用图形化程序的仿真功能，检验程序编写的合理性。

2. 过程与方法

(1)培养观察生活、留心发现问题的能力。

(2)培养小组合作的能力。

3. 情感态度与价值观

(1)培养科学研究素养和探究精神。

(2)在合作中学会倾听、表达和交流。

教学重难点

联系学过的传感器,合理运用在门铃的改造上。

教学用具

小组讨论记录本、面包板、传感器、面包线、电池、外观装饰材料、热熔胶枪、卷尺、笔等。

教学流程

一、画思维导图,厘清思路

1. 回顾上节课的内容,请学生用思维导图画出想法,并在组内交流。

2. 在组长安排下有序讨论是否所有方案都可行,如果有不可行的,说明原因并提出建议。

3. 从组内方案中选出最优方案,并请小作者上台演说介绍。

4. 依照最优方案编写程序,并展示说明。

二、联系实际,拓展思路

1. 除了门铃的制作,我们还需要考虑什么呢?

2. 从安装、维修、美观等角度展开讨论,教师择机点拨。

3. 将问题整理归类后,思考讨论该怎样解决这些问题。

三、总结

这节课你学到了什么？

拓展阅读

智能门铃

当传统门铃碰上智能摄像头会擦出什么样的火花呢？今天我们就来聊聊目前家庭安防领域一个新兴产品——智能门铃。简单来说，智能门铃是融合了传统门铃、智能摄像头以及手机软件的全新产品形态，更加智能、安全、易用的特性令智能门铃成为智能设备家庭中新一代热销单品之一。

智能门铃可以通过无线网与住户手机相连，因此住户无论身在何地都可以随处查看家门口状况。更重要的是，当有人按门铃的时候，住户的手机就会立刻弹出提醒，让住户应答。

智能门铃价格便宜、使用简便。有了它，独居的女性、老人，或者一个人在家的小孩，都可以享受到智能门铃带来的安全感。

通过下表比较市场上两款智能门铃特点。

表4-10　两种智能门铃的基本参数

项目	品牌甲	品牌乙
外观	各有特色	
视频分辨率/像素	1536×1376	1280×720
可视角度	162°	105°
夜视效果	更清晰，视角广	远处亮度高
信号稳定性	一般	较好
存储方式	本地和云端	云端
供电方式	5000 mAh锂电池	4节5号电池

续　表

项目	品牌甲	品牌乙
安装难易	无区别	
手机应用体验	实时查看门外动态	被动触发时查看门外状态
安全性	较好	较好
交互体验	一般	更丰富,有趣
价格	略高	略低

特点总结:品牌甲门铃的优点是可主动查看楼道画面、可插内存卡,缺点是门铃尺寸较大、接收器信号不好(铁防盗门更差)、价格略高;品牌乙门铃的优点是价格适中、信号好、体验佳,缺点是不能手机随时查看门外的画面。

整体来看,两个品牌的门铃都有其各自的优点和缺点,我们可以根据自己的实际需要选取心仪又实用的门铃。

参考答案

问题一:小组讨论,将组内所有成员的方案写下来或者画下来。

参考答案:方案能合理解释功能即可,头脑风暴产生的创意可以是各种各样的。

例如:

方案一:将家里的门铃声音放大。

方案二:将家里的门铃连接灯泡,按门铃的同时灯泡闪动提醒。

方案三:将门铃连接到智能手环,按门铃时有正常响声并且手环震动。

方案四:将门铃连接智能熏香机,按门铃时喷出香氛。

方案五:根据已有知识自己设计一款智能门铃,有多个提醒模块，且门铃带有闪光。

问题二：所有方案都可以吗？和你的小组成员一起找到最好的一种方案并说明理由。

参考答案：

方案一：不可取。理由：声音过大会打扰邻居，平时有客人来到也会很吵。

方案二：不可取。理由：已有门铃结构已经形成，我们在它基础上进行补充一方面比较困难，另一方面会损坏门铃。

方案三：可取。理由：根据要求设计门铃，能较好地解决问题；但考虑到实际因素，需要购买手环，且一个人不可能随时随地地带着手环，这就又增加了经济成本，所以此方案有局限性。

方案四：不可取。理由：方案成本太高，且闻到香味的过程缓慢，无法保证其时效性。

方案五：可取。理由：根据要求设计门铃，能比较好地解决问题。

最佳方案：方案五。

学生互相之间通过质疑询问，综合实际情况，淘汰不可取的方案，论证得出最佳的一到两个方案。

问题三：小组展示最佳方案，用简练的语言向其他同学描述你的方案。

参考答案：略。

问题四：你的最佳方案离现实还有一步，请思考怎样编译程序？写一写程序流程图。

参考答案：如果使用Linkboy，可以通过仿真功能检测程序能否正常运行，是否达到预期的效果；如果使用Samlabs，需要考虑实验程序是否可行，还需要加入哪些模块，才能达到想要的效果，并且加入不同模块需要验证是否起作用，是否能很好地提醒主人。

问题五：如果程序可以正常运行，请思考门铃装在什么位置最合适。

参考答案：门铃按钮部分装在门外，高度在一米五左右，响铃部分装在房间内，根据房间特点放置在提醒效果明显的地方。

教师教学评价量表

通过STEM评价系统进行评价。

第三课 《我们成功了吗》教学设计

学情分析

本节课的教学对象是小学四年级学生，和低年级学生相比，他们具有比较强的自主探究能力，在观察能力、思维能力、语言表达能力方面都有了较好的提高，有着强烈的好奇心与动手操作能力。他们喜欢在自己的探索中获取知识，喜欢在玩中学、做中学、想中学、用中学，对周边的事物有着浓厚的兴趣和强烈的学习愿望，但不能自觉地从生活中行学习。在学习方式上，存在着单一式的学习，缺乏合作学习的习惯。

教材分析

《我们成功了吗》是本主题的第三课，在前面两课发现问题、设计制作解决方案的基础上，明确检验的几个维度，通过现实模拟或者制作模型验证门铃能否成功。

教学目标

1. 知识与技能

确定智能门铃的测试维度和标准。

2. 过程与方法

通过小组合作，现实模拟或者制作模型验证门铃能否成功。

3. 情感态度与价值观

（1）通过交流、讨论，改进门铃，提升合作交往能力。

（2）用自己喜欢的方式，向大家介绍作品，学会倾听、表达和交流。

教学重难点

1. 重点：

（1）确定智能门铃的测试维度和标准。

（2）通过小组合作，现实模拟或者制作模型验证门铃能否成功。

2. 难点：

通过小组合作，现实模拟或者制作模型验证门铃能否成功。

教学准备

1. 教师用书、材料包、多媒体课件。

2. 学生用书、材料包、文具。

教学过程

一、情境创设，导入问题

展示上节课学生制作的门铃作品，并提问：我们设计了解决方案并制作了门铃，但不知道能否真的解决问题。如果你是小飞，你希望这个门铃具备哪些优势？

学生交流讨论后回答，教师作总结发言。

二、学习新课

1. 确定测试维度和标准

根据学生的讨论、总结，教师引导学生分组合作，从门铃的成本、灵敏度、外观等进行检测，并及时记录。

2. 标准检测

和同学一起，现实模拟或者制作模型验证你的门铃能否成功。教师巡视指导，共性问题集体解决，个性问题单独解决。

3. 交流讨论

向同伴介绍自己的设计，互相讨论，记录下他们的建议，进行改进，教师补充和指导。

4. 作品展示

用自己喜欢的方式向大家展示自己的作品。

三、课堂小结

拓展阅读

现在，不少人会通过网络购买物品，但有时快递员送货上门时，会遇到主人不在家的情形。在万物互联的智能化时代，有一个可以联网存储，并具备侦测拍摄和视频录制功能的智能门铃还是很有必要的。有了它，再有快递送至家门口时即可从容应对，不必担心遗失；而独居家中时，也不用害怕陌生人敲门。今天给大家介绍的是一款智能视频门铃套装。下面就来赶紧看下它有着哪些“独门绝技”吧！

打开包装盒，可以看到智能视频门铃和配套的门铃接收器。门铃颜色是奶白色的，外观典雅大方。门铃具有高清广角摄像头，可独立使用，也可通过专属的接收器搭配使用，当然还能与手机或者其他智能设备进行视频查看和智能交互。

该款智能视频门铃的主体相较前作差别较小，只是摄像头凸出部位由圆变方，更为醒目。其材料虽为工程塑料，但白色的机身加上镜头处的镜面设计简约时尚，整机的具体尺寸为111 mm×61 mm×23 mm，置于掌中小巧而精致。长方条的设计厚实细腻，摄像头的区域特意做了黑色处理，下方圆形按键用作按铃。接收器更为娇小些，与平常用的智能插座差不多大。联网后，有人按门铃时可以进行语音沟通。

门铃用4节5号电池供电，没电时，直接换新电池即可，避免了反复充电的麻烦。续航方面，因为只有门旁有人经过时才会触发视频录制功能，所以较为省电，搭配附送的4节超级锂铁电池，可连续使用长达6个月，即便是−10 ℃的冬天也能稳定供电。

门铃背部采用了强力背胶，拥有铆钉一般的粘贴强度，可以粘贴在防盗门的合适位置。值得一提的是，由于贴上后相当牢固，很难拆除，所以最好事先设计好安装的高度，通过与手机连接观看视频，调整至合理角度，一切确认后再行粘贴。双面胶适用于光滑大理石、实木及金属材质表面，而膨胀螺丝则适用于水泥灰质墙面，用户可根据实际情况来选择安装方式。如果门铃被人拿走了怎么办呢？不用担心，该款智能门铃支持防拆报警功能，只要有人企图拆卸设备，门铃便会自动响起报警声。此外，这款“小家伙”还支持云端账号绑定，倘若用户不解绑设备，别人拿走门铃后是无法使用的。

智能门铃不仅有着更为广阔的视角，而且在光线昏暗的环境下仍能看清脸庞细节，录像观看画质细腻，也更为清晰流畅。此外，它侦测角度广，最远侦测距离可达6米（提供远、中、近三档侦测距离设置，可以做到既不打扰邻居，也不会漏拍、错拍)。

接收器的插头为家用220 V双头插头，可以轻松地插在任何插座上。门铃可以同时连接4个接收器，比如放在与客厅相隔的厨房，当炒菜做饭时，有人按门铃也不用担心听不到。值得一提的是，接收器还可设置勿扰模式和响铃时间，以照顾家人作息，不会打扰到睡眠。

实时画面中可以选择360P和1080P画质，并可语音通话和回复，比如许多朋友都喜欢网购，可以将回复设置为“快递请放在门口”。有时候我们会遇到这样的情况，比如独自在家时，有陌生人敲门，我们常常会感到害怕。对此，该门铃有个“绝招”，那就是一键变声功能，在对讲时可以开启变声。当儿童独自在家时，只要家门口有人按门铃，家长端的手机应用即会及时接收到通知，并可对门外访客远程视频通话，时刻守护儿童的安全。

该智能门铃在继承上一代特色功能的基础上，硬件配置及细节体验上均做了较大幅度的优化与完善。其1080P高清摄像录制、红外感应、实时检测、云端存储、一键推送、语音互动、智能变声等功能均相当实用，非常适合家有老人、儿童的家庭，以及独居女性使用。

参考答案

问题一：你觉得可能影响门铃灵敏度的因素有哪些？如何规避呢？

参考答案：如电池的损耗、面包线接口稳定性等。

问题二：向同伴介绍你的设计，互相讨论，记录他们的建议，寻找可以改进的地方。

参考答案：可从门铃的使用场景、增加更多功能等角度改进，比如人脸识别、录像、音乐铃声等。此外，当家里没人时，有人按下门铃可以直接拨打主人的网络电话，若主人没有空接的话，门铃可以记录留言并直接发送到主人的邮箱。

教师教学评价量表

通过STEM评价系统进行评价。

(二)学生用书

学生用书包含安全手册、引导性课程内容(图文素材、问题)、实践(科学探究、工程设计)过程记录与结果、拓展阅读、学生学习情况评价表等。拓展阅读为学生学习提供了阅读素材，有利于学生自主学习探究。

附：STEM学生用书案例——《进阶门铃》

第一课　问题在哪儿？

1. 找到问题

小飞遇到的问题是什么，用你的语言概括一下。

2. 问题指南针

总结案例图特点，根据你的观察，说出其他案例。

3. 问题解析

小组讨论，结合实际情况，利用思维导图综合分析门铃的特点，思考可以从哪些方面优化门铃。

第二课　我能解决这个问题

1. 头脑风暴

选出你需要的材料，画出相应的设计草图并写出必要的文字描述。

2.逻辑梳理

在制作之前,规划思路,讨论方案的可行性。

3.能言善辩

小组展示最佳方案,用简练的语言向其他同学描述你的方案。

第三课　我们成功了吗

1. 班级活动

将你们制作的门铃安装在教室的门上，模拟使用并记录相关数据。

测试项目	是否正常工作	是否完成相应的提醒功能	是否具有不合理的设置
测试结果			

2. 你能做得更好吗

向同伴介绍你们的设计，互相讨论，记录他们的建议，寻找可以改进的地方。

参考文献

1. BURKE B N. The ITEEA 6E learning by DeSIGN model [J]. Technology and Engineering Teacher, 2014, 73(6): 14-19.

2. 柏毅，庞谦竺，信疏桐 .STEM 教育评价的内容与策略[J]. 中国民族教育，2018(Z1): 22-25.

3. 傅骞 . 基于“中国创造”的创客教育支持生态研究[J]. 中国电化教育，2015(11): 6-12.

4. 范文翔，赵瑞斌，张一春 . 美国 STEAM 教育的发展脉络、特点与主要经验[J]. 比较教育研究，2018，40(6): 17-26.

5. 高巍，王莉娟 . 如何通过教学促进大学生主动学习？——美国大学 STEM 课堂教学评价系统 PORTAAL 研究及启示[J]. 开放教育研究，2019，25(1): 55-61.

6. 高云峰 . 创客与 STEAM 教育结合的实践[J]. 力学与实践，2016，38(1): 74-77.

7. 蒋莘，谢作如 . 跨学科、智能化的创客类校本课程开发[J]. 中国信息技术教育，2014(11): 5-7.

8. 李艳燕，董笑男，李新，等 .STEM 教育质量评价指标体系构建[J]. 现代远程教育研究，2020，32(2): 48-55+72.

9. 田慧生 . 加强中小学 STEM 教育为社会主义现代化强国建设提供强有力的科技人才支撑[J]. 今日教育，2018(1): 34-37.

10. 王素 .《2017 年中国 STEM 教育白皮书》解读[J]. 现代教育，2017

(14):4-7.

11. 王素,李正福.STEM教育这样做[M].北京:教育科学出版社,2019.

12. 王巍.国际项目式STEM教育的研究现状与启示[J].现代远距离教育,2019(4):90-96.

13. 杨银付.深化教育领域综合改革的若干思考[J].教育研究,2014(35):4-19.

14. 中国教育科学研究院.STEM教师能力等级标准(试行)[S].北京:中国教育科学研究院STEM教育研究中心,2018.

15. 中国教育科学研究院.中国STEM教育白皮书[R].北京:中国教育科学研究院STEM教育研究中心,2017.

后 记

“三人行，必有我师焉。择其善者而从之，其不善者而改之。”中华民族历来注重学习，习近平总书记多次强调：“学习是文明传承之途、人生成长之梯、政党巩固之基、国家兴盛之要。”

2015 年 1 月，我离开站了 27 年的神圣讲坛，走上合肥市瑶海区教育体育局信息中心岗位，开启了与以往完全不一样的另一段职业生涯，这也是我回炉再造、重新学习、更新认知的新旅程。

我在瑶海区教育体育局专门负责全区的教育信息化教研，包括教师信息化大赛、信息化应用、信息化课题研究、信息化图书馆管理等工作，同时也做部分信息化教育装备的工作。在教育信息化 2.0 时代，6 年的磨炼中，我最大的感受是：每天都要学习，一天不学习就会落后；每天都是学习，每项工作对我都是全新的，不学习就不能出色地完成工作；每天都爱学习，教育信息化，日新月异，也让教育的状态不断优化，让人爱不释手。尤其是 STEM 及创客教育的研究，让我不仅收获了感动，更收获了情怀。

第一次走进创客课堂，是在常州市虹景小学，孩子们对答如流的创客术语、熟练的编程、流畅的作品制作，让我看到未来小工程师在成长，看到创新思维在勃发。我当时感慨：我的孙子将来一定要在这样的课堂上课。虽然知道，越是新教育，研究的路越艰辛，但是，这样的课堂，造福了孩子、千万家庭和国家未来，所以用教育改革培养更多的创新人才已成为我的教育的追求。我坚信，只要坚持前行，曙光定在前方。

这本专著记录了我的STEM及创客研究工作，共分为四章：第一章主要介绍了STEM教育与创客教育的概念、二者的区别，国内外发展趋势，目前面临的问题与挑战等；第二章在阐述STEM教育难点的解决要靠课题研究之后，介绍了我主持的国家级课题"瑶海区中小学STEM创客教育区域推进的实践与应用研究"的历程及课题研究成果与未来展望；第三章主要以教育信息化STEM教学评价实践共同体研究策略为主题，分别从实践共同体的内涵与发展、实践共同体的特点与组织机制、实践共同体项目的要素与研究过程、实践共同体研究的应用成果等角度展开论述；第四章从STEM课程教学大纲产生的背景、STEM课程教学大纲介绍、义务教育阶段小学1—6年级STEM区本教材案例展示三个角度介绍了STEM区本教材的内容及体系特点。

正是由于热爱，我在学习的路上不断收获。2016年11月，《中学政治主题社区》获安徽省教育教学信息化大赛三等奖；2018年12月，基础教育信息化应用典型案例《互联网+构建瑶海教育新生态》获安徽省典型案例评比一等奖；2019年9月，信息化设备运维管理案例《养护有方方能书海飘香》获安徽省典型案例一等奖，信息化设备运维管理微视频《多功能一体机的运维与管理》获安徽省运维管理微视频评比一等奖；2019年12月，《"互联网+"理念下瑶海教育新生态的四维构建》被教育部基础教育司评为全国教育信息化应用典型案例。2019年6月，被中国教科院STEM教育研究中心聘任为中国教科院STEM教育研究中心兼职研究员。发表学术论文《基于高阶思维的小学STEM课程的实践研究》《基于高阶思维的中小学STEM课堂教学评价的实证研究》《中小学STEM教育区域推进的方法与策略》等；主持开发了一套1—6年级STEM教材。2020年11月出版个人专著《点亮心灯》。主持安徽省信息技术研究课题"中小学STEM教育区本教材的开发与应用研究"，国家级课题"瑶海区中小学STEM创客教育区域推进的实践与应用研究"，教育部科技司和中央电化教育馆立项课题“合肥市教育信息化教学应用模式实践共同体”。

感动于我的研究团队。创客教育俱乐部成立之后，与他们一起流连于STEM课堂，一起讨论STEM教材、STEM评价，一起熬夜分析调查问卷，一起为不知道STEM课怎么上而苦恼，一起分享STEM研究路上收获的喜悦。

感动于专家的引领、指导、支持与鼓励。王素主任经常深夜抽空指导我怎么做STEM教育、STEM评价等，罗夫运主任不厌其烦地指导我解决遇到的STEM难点问题，吕峰主任、王珠珠馆长、于晓雅主任、吴永和教授等不摆架子，及时给予我们研究团队必要的技术支持。

感动于教体局领导、同事的支持与帮助，在这里一并致谢。写这本专著，也是为了感恩一直关心、爱护、指导、引领我专业成长的领导、专家和身边的教师，还有我最爱的学生。由于本人水平有限，有些观点仅代表个人思想，专著的缺点与错误在所难免，希望广大读者不吝赐教，您的建议和意见，将是我们一起研与思的珍贵资料。

正如国学大师王国维所说：自古人生三境界，“昨夜西风凋碧树，独上高楼，望尽天涯路。”此第一境也，就如我们的STEM及创客教育研究，想上高楼的人多，最终走进高楼，何其艰辛。“衣带渐宽终不悔，为伊消得人憔悴。”此第二境也，就如我们研究过程艰难，只有经历“人憔悴”，才有可能就见到曙光。“众里寻他千百度，蓦然回首，那人却在灯火阑珊处。”此第三境也。研究虽是辛苦的，收获却是幸福的！

光善慧

2021年6月16日于合肥